Impressum
Verlag: BABADADA GmbH, Nedderfeld 112 , 22529 Hamburg
Geschäftsführer / Verlagsleitung: Harald Hof
Druck: Books on Demand GmbH, In de Tarpen 42, 22848 Norderstedt

Imprint
Publisher: BABADADA GmbH, Nedderfeld 112 , 22529 Hamburg, Germany
Managing Director / Publishing direction: Harald Hof
Print: Books on Demand GmbH, In de Tarpen 42, 22848 Norderstedt, Germany

ysgol
xikolo

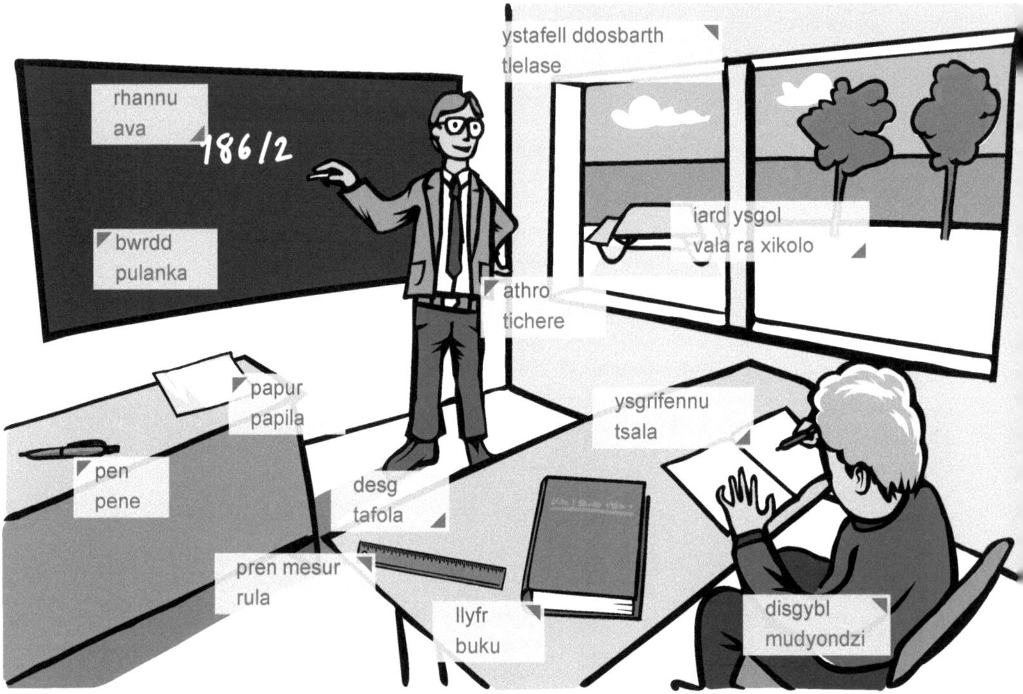

ystafell ddosbarth
tlelase
rhannu
ava
186/2
bwrdd
pulanka
iard ysgol
vala ra xikolo
athro
tichere
papur
papila
ysgrifennu
tsala
pen
pene
desg
tafola
pren mesur
rula
llyfr
buku
disgybl
mudyondzi

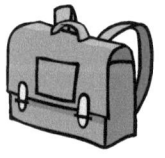

bag ysgol

xinkwamana

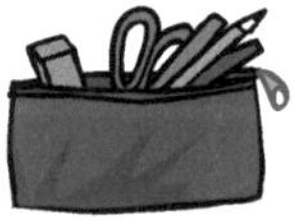

blwch penseli

bokisi ra tipensele

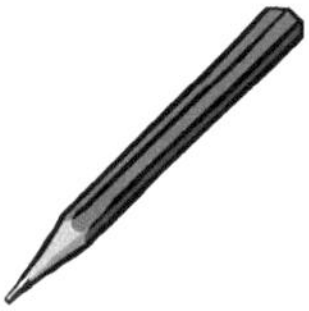

pensil

pensele

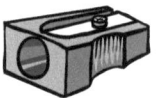

peth rhoi min ar bensil

muchini wo vatla tipensele

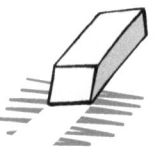

rwber

rhaba

pad arlunio

papilo ro dirowa

llun
xifaniso lexi diroweke

brws paent
burachi ro penda

blwch paent
bokisi ro penda

siswrn
xikero

glud
xidamarheti

llyfr ysgrifennu
buku ya xikolo

gwaith cartref
ntirho wa le kaya

rhif
nombhoro

ychwanegu
engeta

tynnu
susa

lluosi
andzisa

cyfrifo
hlaya

llythyren
letere

gwyddor
maletere

gair
rito

testun

rungula

darllen

hlaya

sialc

choko

gwers

dyondzo

cofrestr

tsarisa

arholiad

xikambelo

tystysgrif

xitifiketi

gwisg ysgol

swiambalo swa xikolo

addysg

dyondzo

gwyddoniadur

nsonga-vutivi

prifysgol

univhesiti

microsgop

makhiriskopu

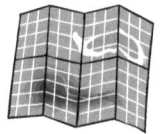

map

mepe

basged papur gwastraff

xikotela xo lahla maphepha

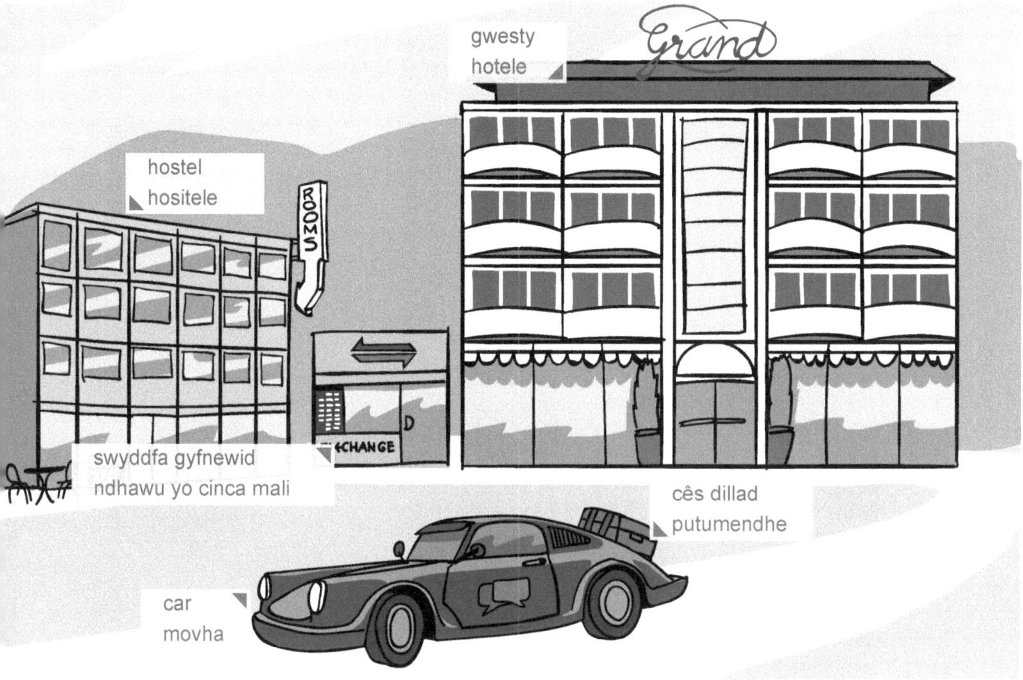

gwesty
hotele
Grand
hostel
hositele
ROOMS
EXCHANGE
swyddfa gyfnewid
ndhawu yo cinca mali
cês dillad
putumendhe
car
movha

iaith
ririmi

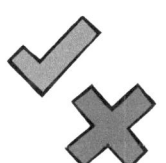

ie / na
ina / e-e

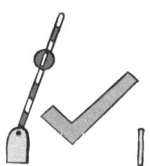

iawn
Swikahle

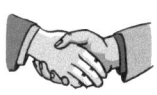

helo
ahe

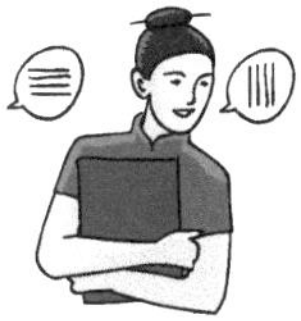

cyfieithydd
muhundzuluxeri

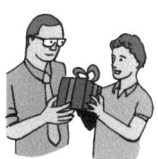

Diolch yn fawr
Ndza khensa

faint yw ...?

ivungani...?

Dw i ddim yn deall

Andzi twisisi

problem

nkinga

Noswaith dda!

Riperile!

Bore da!

Maxelo ya kahle!

Nos da!

Vusiku bya kahle!

hwyl

sala kahle

cyfarwyddyd

nkongomiso

bagiau

mindzhwalo

bag

nkwama

gwarbac

nkwama

gwestai

muendzi

ystafell

kamara

sach gysgu

nkwama wo etlela

pabell

tende

gwybodaeth i ymwelwyr

vuxokoxoko bya vaendzi

traeth

ribuwa

cerdyn credyd

khadi ra xikweleti

brecwast

xifihlulo

cinio

swakudya swa ninhlekani

swper

swakudya swa nimadyambu

tocyn

thikithi

lifft

kheshe

stamp

xitempe

ffin

ndzilakana

tollau

mikhuva

llysgenhadaeth

hovisi ya vuyimeri ya tiko

fisa

visa

pasbort

pasi ro endza

cludiant
swilo swo famba

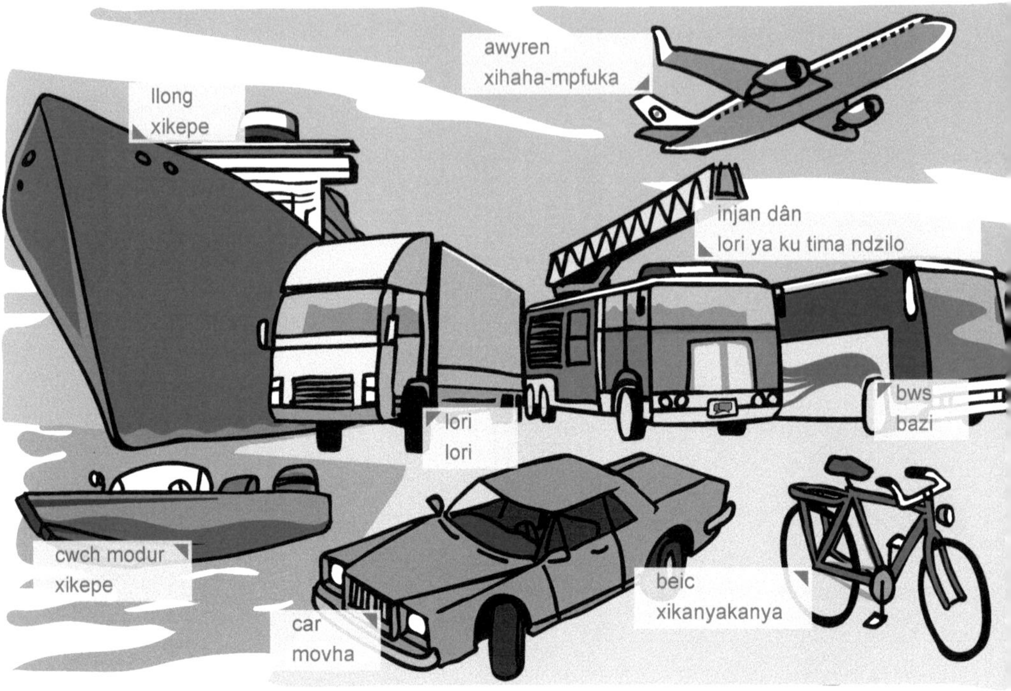

awyren
xihaha-mpfuka
llong
xikepe
injan dân
lori ya ku tima ndzilo
bws
bazi
lori
lori
cwch modur
xikepe
beic
xikanyakanya
car
movha

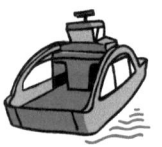

fferi
xikepe

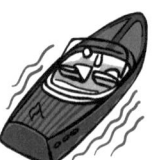

cwch
xikepe

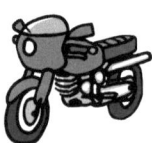

beic modur
xithuthuthu

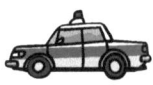

car yr heddlu
movha wa maphorisa

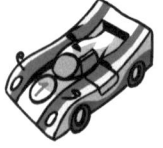

car rasio
movha wa mphikizano

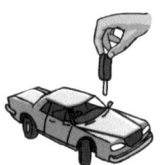

car wedi'i rentu
movha yo lombiwa

rhannu car

ku avelana hi movha

lori tynnu

lori yo koka timovha

lori ysbwriel

lori yo rhwala chaka

modur

njhini

tanwydd

mafurha

gorsaf betrol

ndhawu yo xavisa petirolo

arwydd traffig

mpfungo wa le patwini

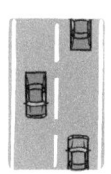

traffig

mafambelo ya mimovha

tagfa draffig

ntlimbano wa timovha

maes parcio

phaki ya timovha

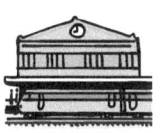

gorsaf drennau

xitichi xa xitimela

traciau

mintila

trên

xitimela

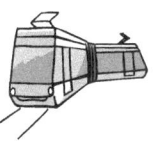

tram

banzi leri fambaka
exiporweni

wagen

kalichi

hofrennydd

xihaha-mpfuka-phatsa

maes awyr

rivala ra siwhaha-mpfuka

twr

xihondzo

teithiwr

mukhandziyi

cynhwysydd

bokisi

paced

bokisi

cert

kalichi

basged

xirhundzi

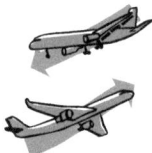

esgyn / glanio

suka / tshama

dinas

doroba

pentref

muti

canol y ddinas

nkava wa doroba

tŷ

yindlu

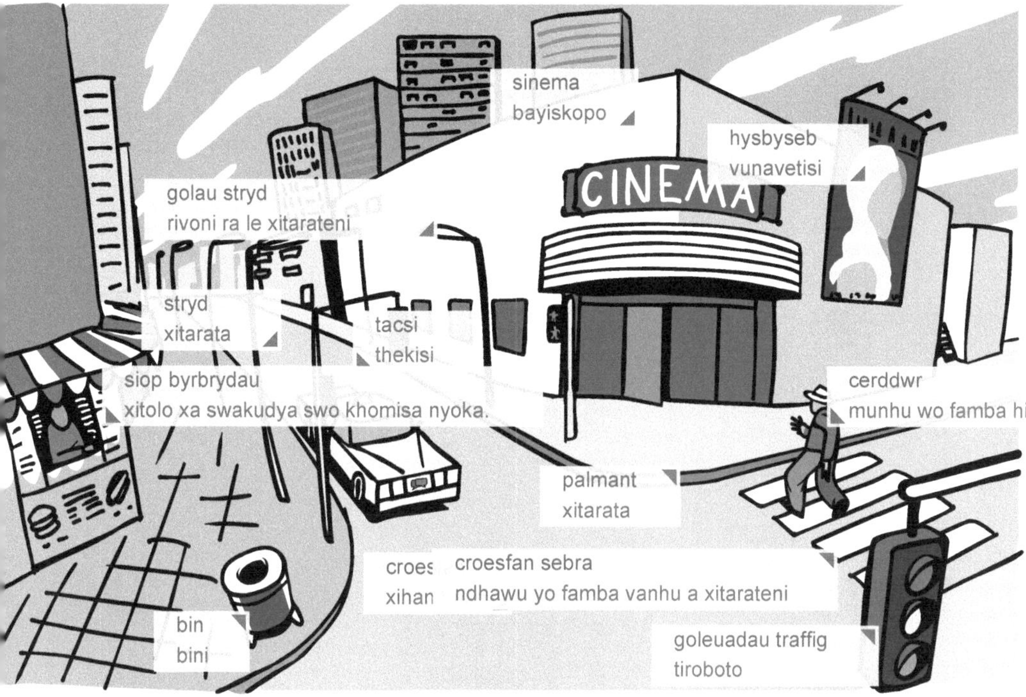
sinema
bayiskopo
hysbyseb
vunavetisi
CINEMA
golau stryd
rivoni ra le xitarateni
stryd
xitarata
tacsi
thekisi
siop byrbrydau
xitolo xa swakudya swo khomisa nyoka.
cerddwr
munhu wo famba hi
palmant
xitarata
croes
xihan
croesfan sebra
ndhawu yo famba vanhu a xitarateni
bin
bini
goleuadau traffig
tiroboto

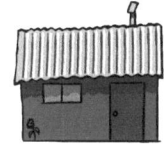

cwt

xiyindlwana xa byanyi

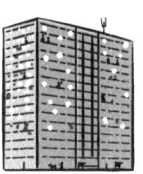

fflat

yindlu

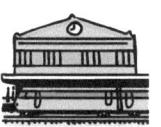

gorsaf drennau

xitichi xa xitimela

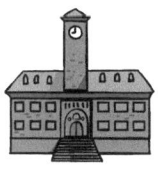

neuadd y dref

holo ya vanhu

MUSEUM

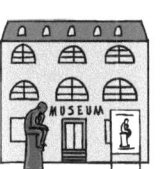

amgueddfa

muziyamu

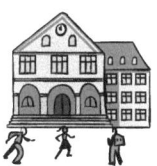

ysgol

xikolo

prifysgol

univhesiti

banc

bangi

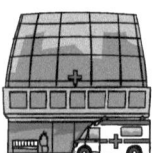

ysbyty

xibedlhele

gwesty

hotele

fferyllfa

xitolo xa miri

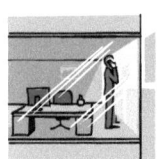

swyddfa

hofisi

siop lyfrau

xitolo xa tibuku

siop

xitolo

siop flodau

xitolo xa swiluva

archfarchnad

xitolo le xikulu swinene

farchnad

makete

siop adrannol

xitolo le xikulu

siop bysgod

xitolo xa tinhlampfi.

canolfan siopa

ndhawu ya switolo

harbwr

hlaluko

parc

phaka

banc

bence

pont

buloho

grisiau

switepisi

rheilffordd danddaearol

ehansi ka misava

twnnel

muhocho

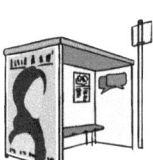

safle bws

xitichi xa tibanzi

bar

barha

bwyty

rhesiturente

blwch post

bokisi ra poso

arwydd stryd

mfungho wa xitarata

mcsurydd parcio

muchini wa mali ya ku phaka

sŵ

ntanga wa swiharhi

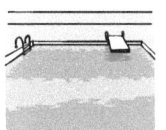

pwll nofio

damu ro xambela

mosg

mosque

 fferm
purasi

llygredd
nthyakiso

mynwent
masirha

eglwys
kereke

maes chwarae
rivala ra mintlangu

teml
tempele

tirwedd

ndhawu

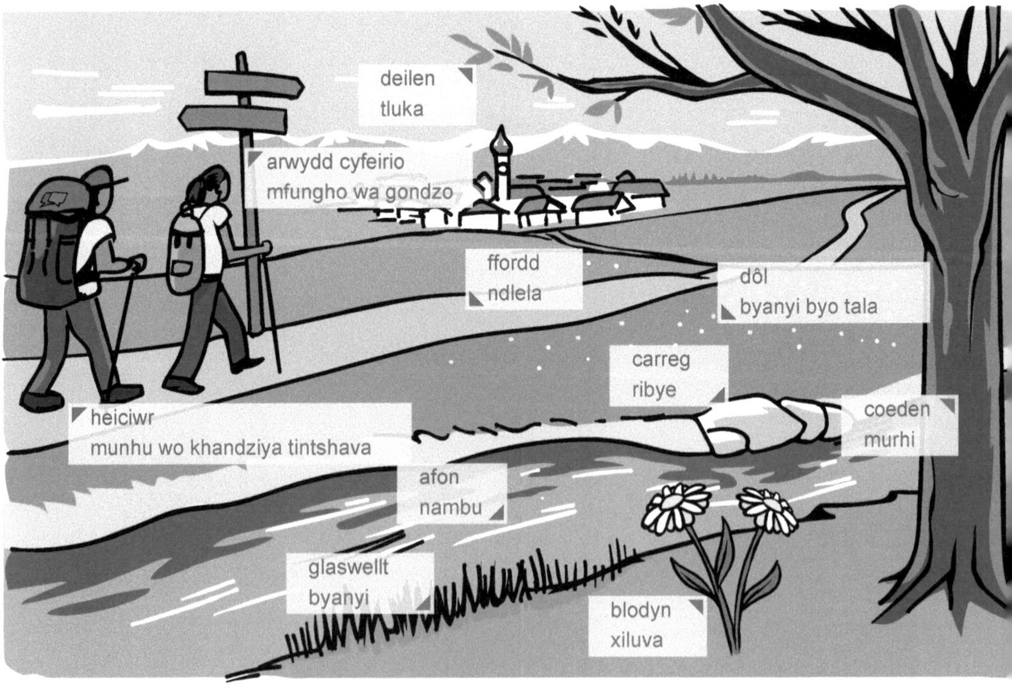

deilen
tluka

arwydd cyfeirio
mfungho wa gondzo

ffordd
ndlela

dôl
byanyi byo tala

carreg
ribye

heiciwr
munhu wo khandziya tintshava

coeden
murhi

afon
nambu

glaswellt
byanyi

blodyn
xiluva

cwm

nkova

bryn

xitsunga

llyn

tiva

coedwig

khwati

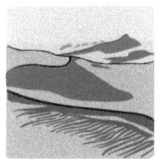

anialwch

mananga

llosgfynydd

volkheno

castell

ntsinda

enfys

nkwangulatilo

madarchen

swikowa

palmwydden

murhi wa nchindzu

mosgito

nsuna

pryf

haha

morgrugyn

vusokoti

gwenyn

nyoxi

pryf copyn

puma

chwilen

xifufunhunu

llyffant

chele

gwiwer

maxindyana

draenog

nhloni

ysgyfarnog

mfundla

tylluan

xikhova

aderyn

xinyenyane

alarch

sekwa

baedd

ngluve ya nhova

carw

mhunti

elc

mhofu

argae

damu

tyrbin gwynt

xipelupelu xa moya

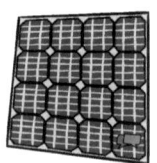

panel haul

bodo leyi tswongaka kuhisa
ka dyambu

hinsawdd

maxelo

bwyty
rhesiturente

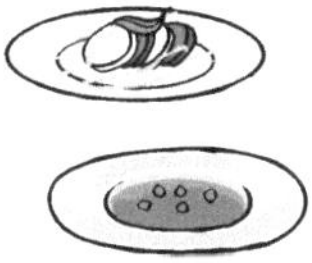

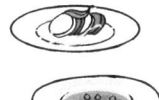

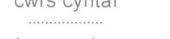

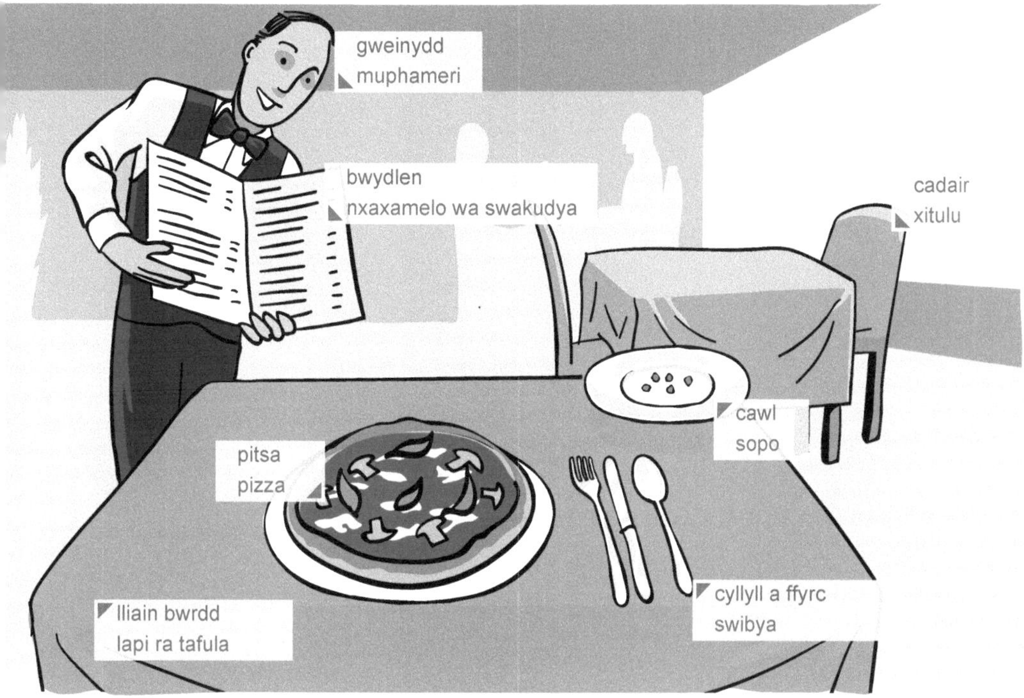

gweinydd
muphameri
bwydlen
nxaxamelo wa swakudya
cadair
xitulu
cawl
sopo
pitsa
pizza
cyllyll a ffyrc
swibya
lliain bwrdd
lapi ra tafula

cwrs cyntaf
swakudya swa ku naveta

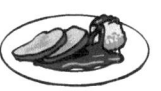

prif gwrs
swakudya

pwdin
swo rhelerisa

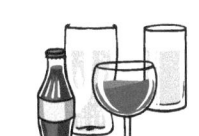

diodydd
swakunwa

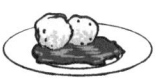

bwyd
swakudya

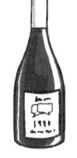

potel
bodlhela

bwyd cyflym

swakudya swa xihatla

bwyd y stryd

swakudya swa le ndleleni

tebot

mbita ya tiya

powlen siwgr

xibye xa chukela

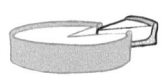

dogn

xiphemu

peiriant espresso

muchini wa espresso

cadair plentyn

xitulu xa le henhla

bil

swikweleti

hambwrdd

thireyi

cyllell

mukwana

fforc

foroko

llwy

lepula

llwy de

xilepulana

napcyn

phepha ro sula nomu

gwydr

nghilazi

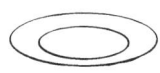

plât

pleti

plât cawl

pleti ya sopo

soser

sosara

saws

murhu

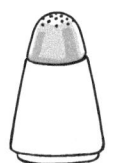

pot halen

xilo xo chele munyu

melin bupur

xilo xo gaya

finegr

vhiniga

olew

mafurha

sbeisys

swinyunyeteri

saws coch

ketchup

mwstard

mustard

mayonnaise

mayonasi

archfarchnad

xitolo le xikulu swinene

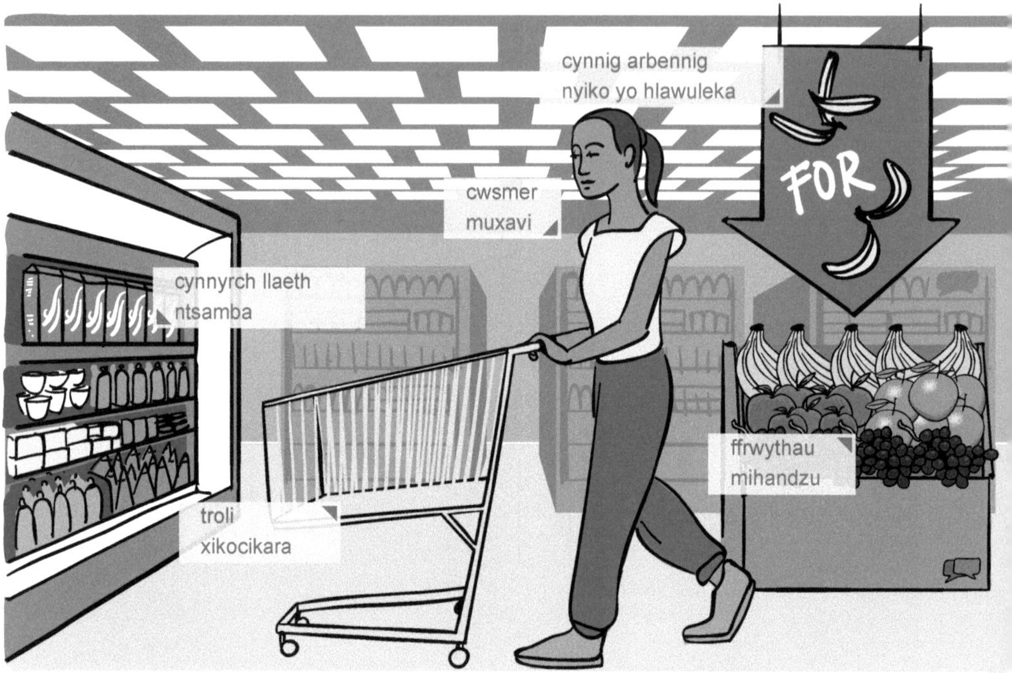
cynnig arbennig
nyiko yo hlawuleka
FOR
cwsmer
muxavi
cynnyrch llaeth
ntsamba
ffrwythau
mihandzu
troli
xikocikara

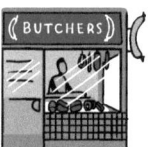

BUTCHERS

siop gig
buchara

BAKERY

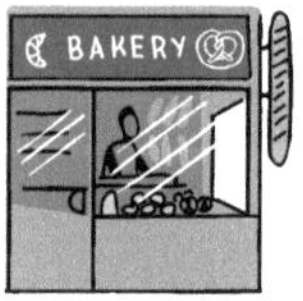

siop fara
bekari

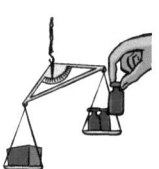

pwyso
ringanyeta

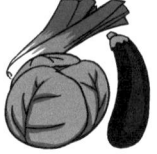

llysiau
swimila

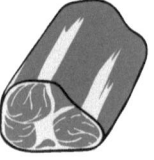

cig
nyama

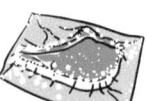

Bwyd wedi'i rewi
swakudya swo titimela

cig oer

nyama

bwyd tun

swakudya leswi nga thinini

powdr golchi

mapa yo hlanswa

da-da

malekere

cynnyrch cartref

switirhisiwa swa le ndlwini

cynhyrchion glanhau

swilo swo basisa

gwerthwraig

munhu wo xavisa

til

thili

ariannwr

muamukeli wa timali

rhestr siopa

xaxamelo wa swo xaviwa

oriau agor

nkarhi wa ku tirha

waled

nkwama wa mali

cerdyn credyd

khadi ra xikweleti

bag

nkwama

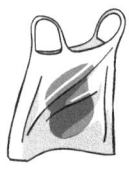

bag plastig

nkwama wa pulasitiki

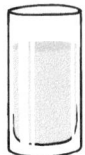

dŵr

mati

sudd

ntsutsu

llefrith

meleke

côc

coke

gwin

vhinyo

cwrw

byalwa

alcohol

byala

coco

cocoa

te

tiya

coffi

kofi

espresso

espresso

cappuccino

cappuccino

ffrwchledd

banana

afal

apula

oren

lamula

melon

kalabatla

lemwn

swiri

moronen

kherotsi

garlleg

swinyalana

bambŵ

musengele

nionyn

nyala

madarchen

swikowa

cnau

timanga

nwdls

makaroni ya nyama

sbageti

spaghetti

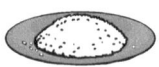

reis

rhayisi

salad

saladi

sglodion

machipisi

tatws wedi'u ffrïo

nhlata wo katingiwa

pitsa

pizza

hambyrger

hamburger

brechdan

xinkwa

cytled

cutlet

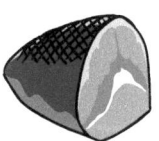

ham

ham

salami

salami

selsig

soseji

cyw iâr

huku

rhost

katinga

pysgodyn

hlampfi

ceirch uwd
oats

miwsli
muesli

creision ŷd
rivele-ndzoho

blawd
filawa

croissant
bantsi

bynsen
xinkwa

bara
xinkwa

tost
xinkwa xo oxiwa

bisgedi
makokisi

menyn
botere

ceuled
ribomba ra tswamba

teiscn
khekhe

wy
tandza

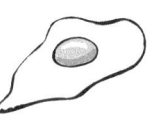

wy wedi'i ffrio
matandza lama katingiweke

caws
chizi

hufen iâ

ayisi khrimi

siwgr

chukela

mêl

vulombe

jam

jamu

siocled taenu

botere ya chokoleti

cyri

curry

fferm
purasi

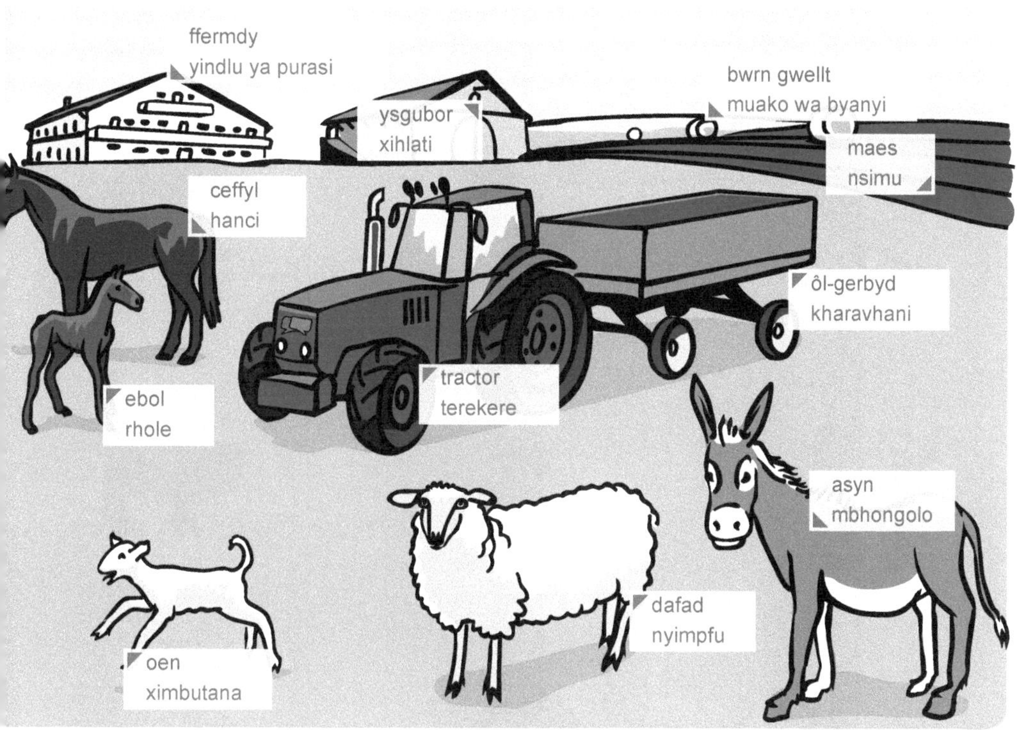
fferdmy
yindlu ya purasi
ysgubor
xihlati
bwrn gwellt
muako wa byanyi
maes
nsimu
ceffyl
hanci
ôl-gerbyd
kharavhani
tractor
terekere
ebol
rhole
asyn
mbhongolo
dafad
nyimpfu
oen
ximbutana

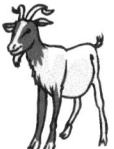

gafr

mhunti

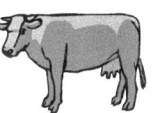

buwch

homu

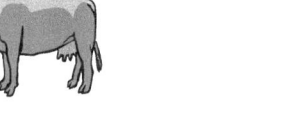

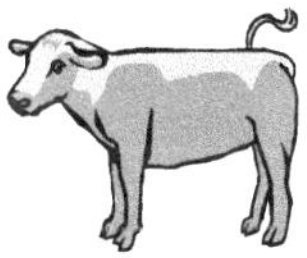

llo

rhole

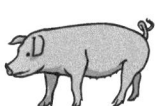

mochyn

nguluve

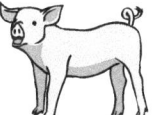

porchell

xingulubyana

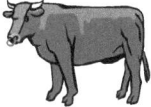

tarw

nkuzi

gwydd

sekwa

hwyaden

sweka

cyw

xikukwana

iâr

mbhaha

ceiliog

nkuku

llygoden fawr

kondlo

cath

ximanga

llygoden

kondlo

ych

homu

ci

mbyana

cwt ci

yindlu ya mbyana

pibell ddŵr

payipi ya mati

can dŵr

xilo xo chelela mati

pladur

nsimbi yo tsema

aradr

xikomu

cryman

sikele

fforch chwynu

xikomu

picwarch

foroko le yikulu

bwyell

xihloka

berfa

bara

cafn

xitsengele

tun llefrith

xilo xo chela ntswamba

sach

saka

ffens

rirhangu

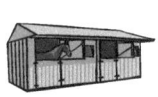

stabl

xivala

tŷ gwydr

yindlu ya vuhlayiselo bya swimilana

pridd

misava

hedyn

mbewu

gwrtaith

swinonisi

dyrnwr medi

muchini wa ku tshovela

cynaeafu

tshovela

cynhaeaf

ntshovelo

iamau

mintsumbula

gwenith

koroni

soi

tinyawa

tysen

nhlata

grawn

koroni

had rêp

rapeseed

coeden ffrwythau

nsinya wa mihandzu

manioc

ntsumbula

grawnfwydydd

swakudya swa tidzoho

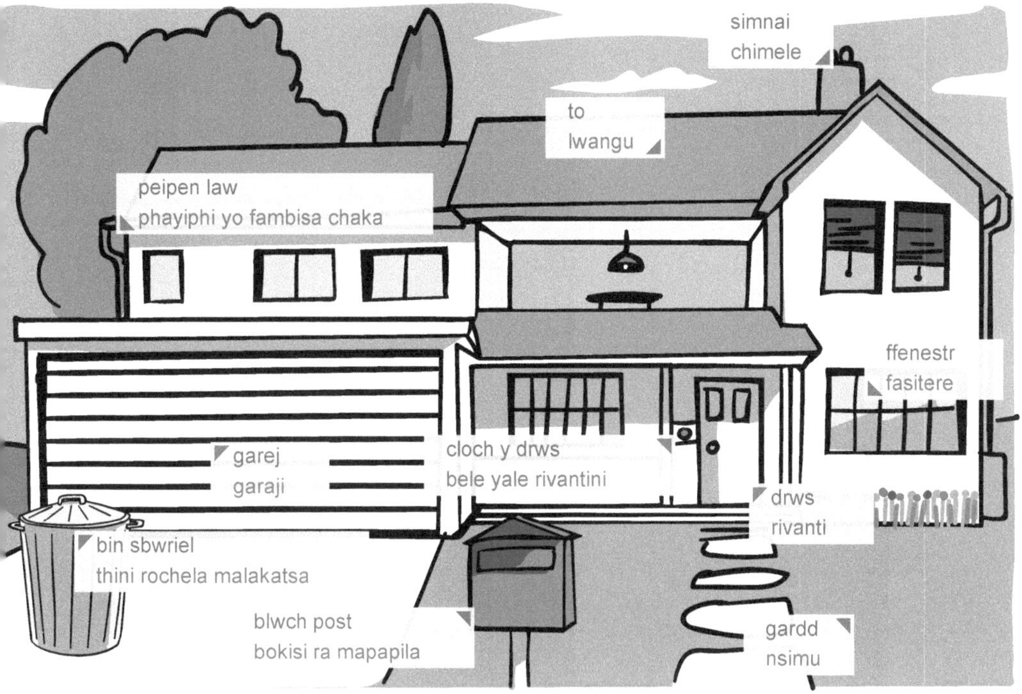

simnai
chimele

to
lwangu

peipen law
phayiphi yo fambisa chaka

ffenestr
fasitere

garej
garaji

cloch y drws
bele yale rivantini

drws
rivanti

bin sbwriel
thini rochela malakatsa

blwch post
bokisi ra mapapila

gardd
nsimu

lolfa

kamara ro tshama

ystafell ymolchi

kamara yo hlambela

cegin

khishini

ystafell wely

kamera ro etlela

ystafell plentyn

kamana ya vana

ystafell fwyta

ndhawu yo dyela

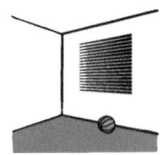

llawr
ehansi

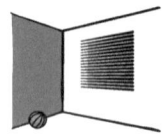

wal
khumbi

nenfwd
silingi

seler
kamera ra le hansi

sawna
phungula

balconi
rikupakupa

teras
tshala

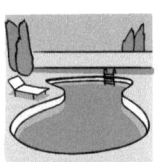

pwll
damu

peiriant torri gwair
muchini wo tsema byanyi

taflen
nkumba

gorchudd gwely
swo andlalela mubedo

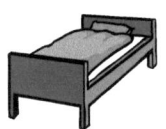

gwely
mubedo

ysgub
nkukulu

bwced
bakiti

swits
swichi

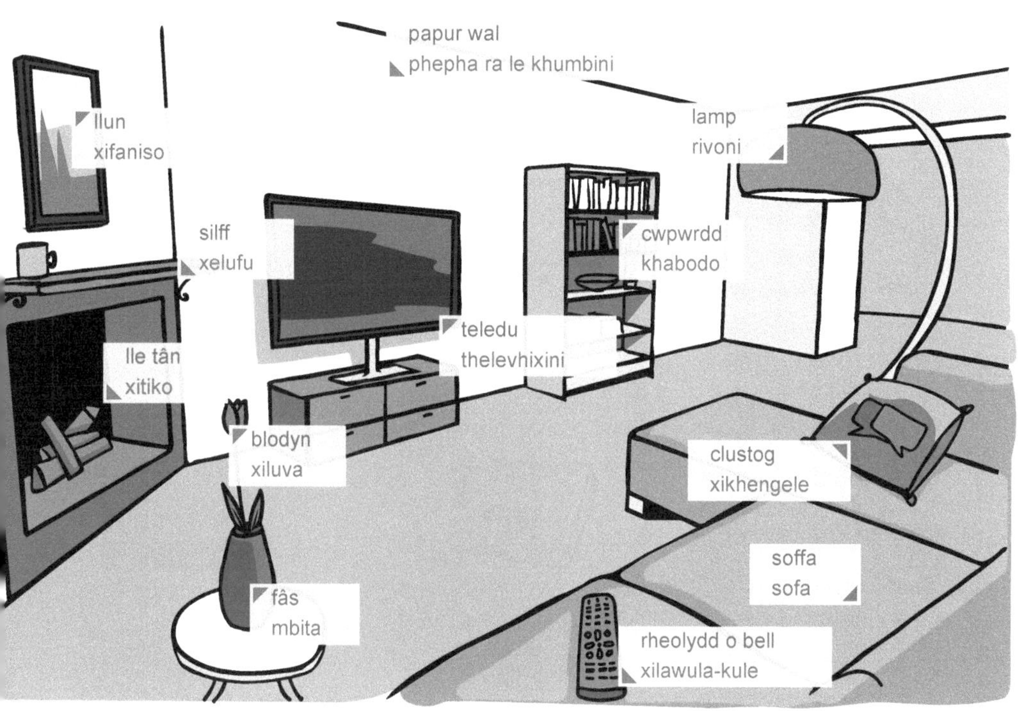

papur wal
phepha ra le khumbini

lamp
rivoni

llun
xifaniso

silff
xelufu

cwpwrdd
khabodo

lle tân
xitiko

teledu
thelevhixini

blodyn
xiluva

clustog
xikhengele

soffa
sofa

fâs
mbita

rheolydd o bell
xilawula-kule

carped
khapete

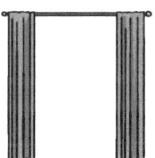

llen
khethenisi

bwrdd
tafula

cadair
xitulu

cadair siglo
xitulu xo mbuwetela

cadair freichiau
xitulu xo tlhandleka mavoko

llyfr
buku

blanced
nkumba

addurn
nkhaviso

coed tân
tihunyi

ffilm
filimi

hi-fi
muchini wa hi-fi

agoriad
xinotlelo

papur newydd
phepha-hungu

darlun
xifaniso lexi vatliweke

poster
bodo ya xifaniso

radio
xiya-ni-moya

llyfr nodiadau
buku yo tsala tinhla

hwfer
hoover

cactws
xiluva xa cactus

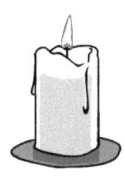

cannwyll
khandlela

cegin
khishini

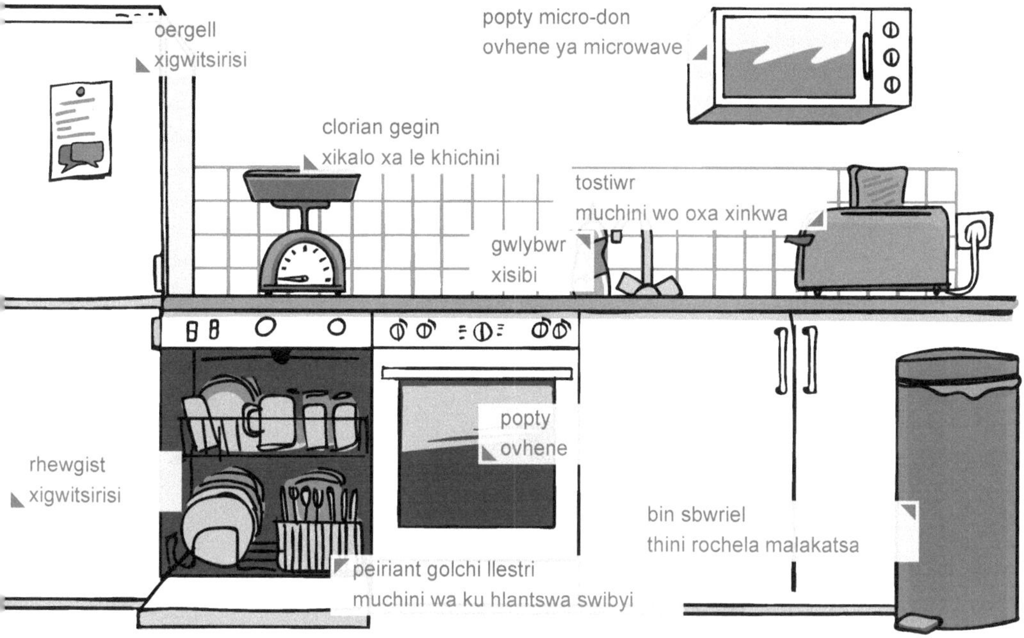

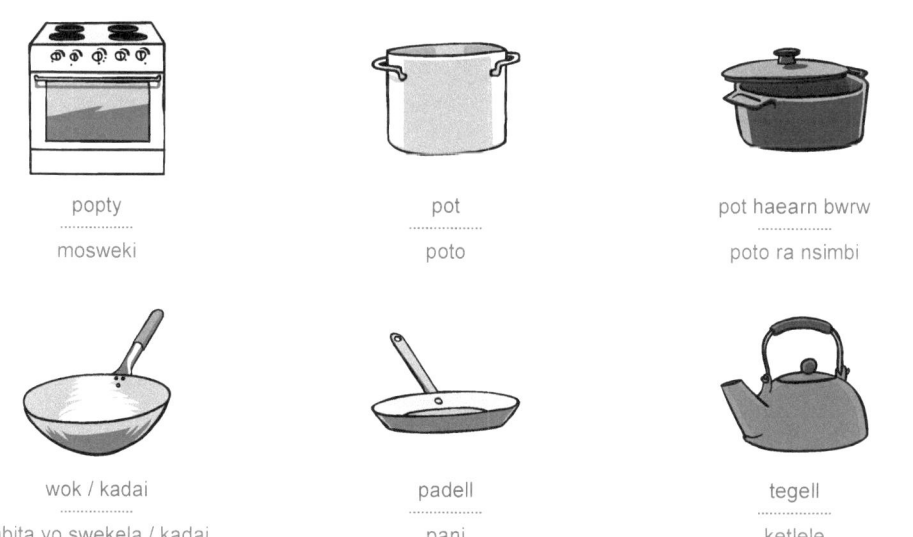

oergell
xigwitsirisi
popty micro-don
ovhene ya microwave
clorian gegin
xikalo xa le khichini
tostiwr
muchini wo oxa xinkwa
gwlybwr
xisibi
popty
ovhene
rhewgist
xigwitsirisi
bin sbwriel
thini rochela malakatsa
peiriant golchi llestri
muchini wa ku hlantswa swibyi

popty

mosweki

pot

poto

pot haearn bwrw

poto ra nsimbi

wok / kadai

mbita yo swekela / kadai

padell

pani

tegell

ketlele

sosban stemio

xo sweka hi nkahelo

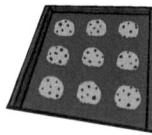

hambwrdd pobi

thireyi ya ku baka

llestri

swibya

mwg

xikomichana

powlen

ximbitana

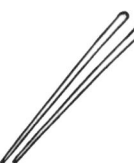

gweill bwyta

ti-chopstick

lletwad

xipunu

ysbodol

spatula

chwisg

muchini wo hlanganisa

hidlydd

sefo

gogr

xisefo

gratiwr

xilo xo tsemelela

morter

xibye

barbeciw

nyama yo oshiwa

tân agored

ndzilo

bwrdd torri cig
....
bodo ya ku tsemelela

rholbren
....
mhandzi yo andlala fulawa

tynnwr corcyn
....
xo pfula mabodlhela

tun
....
thini

peth agor tuniau
....
xo pfula mathini

clwt pot
....
xo khoma poto

sinc
....
zinki

brws
....
buracha

sbwng
....
xiponci

peiriant cymysgu
....
xilo lexi hlanganiselaka

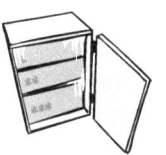

rhewgell
....
xigwitsirisi

potel babi
....
bodlhela ra n'wana

tap
....
pompi

ystafell ymolchi

kamara yo hlambela

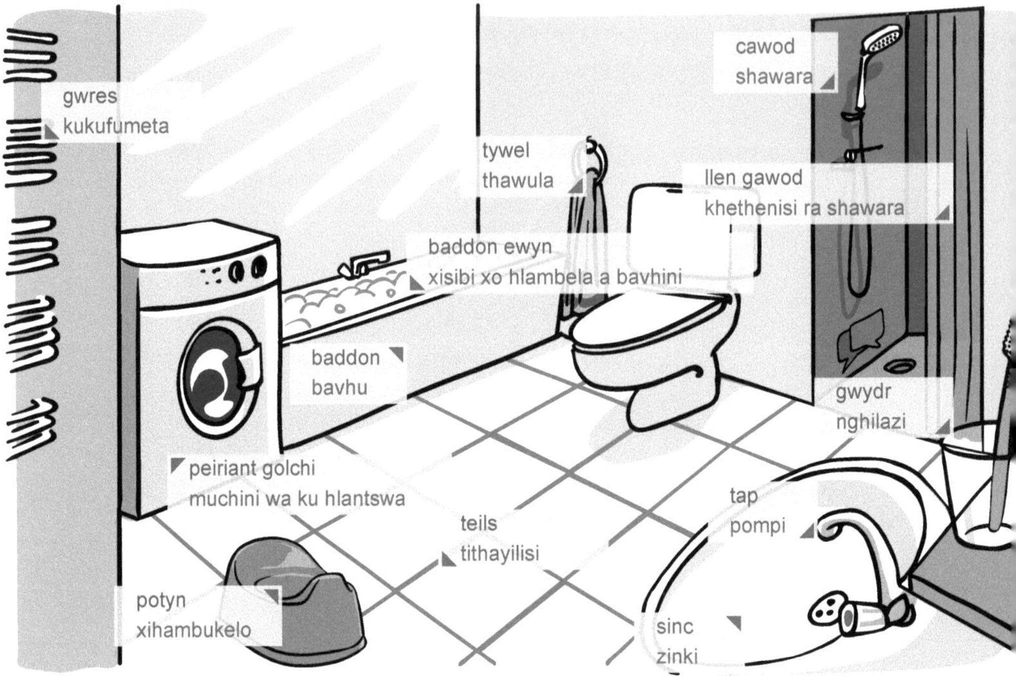

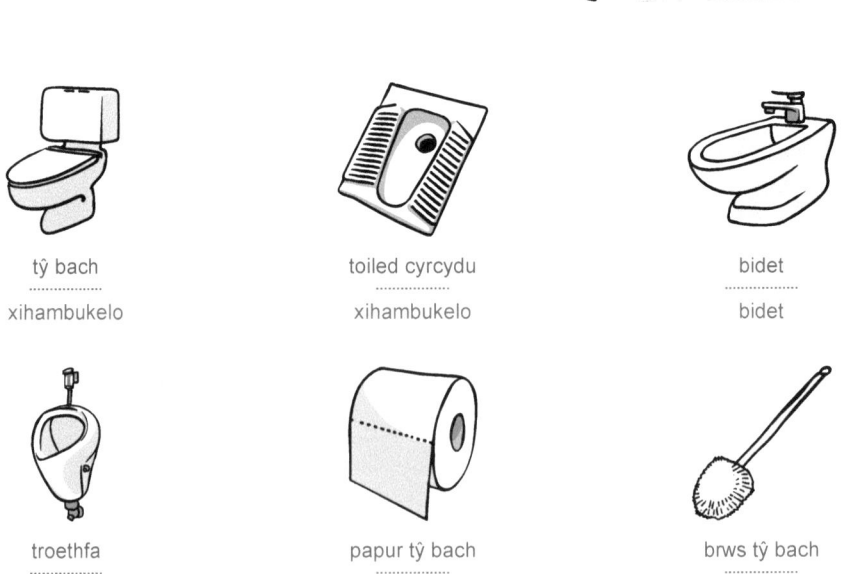

cawod
shawara
gwres
kukufumeta
tywel
thawula
llen gawod
khethenisi ra shawara
baddon ewyn
xisibi xo hlambela a bavhini
baddon
bavhu
gwydr
nghilazi
peiriant golchi
muchini wa ku hlantswa
tap
pompi
teils
tithayilisi
potyn
xihambukelo
sinc
zinki

tŷ bach

xihambukelo

toiled cyrcydu

xihambukelo

bidet

bidet

troethfa

ndhawu yo tsakamisela

papur tŷ bach

papila ra xihambukelo

brws tŷ bach

burachi bya xihambukelo

brws dannedd

burachi bya meno

past dannedd

xisibi xa meno

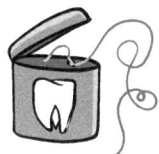

edau ddannedd

xo basisa exikarhi ka meno

golchi

hlamba

cawod llaw

xawara yo khomiwa hivoko

golchfa

douche

basn

xihlambelo

brws-ôl

buracha ra nhlana

sebon

xisibi

gel cawod

xisibi xa xawara

siampŵ

shampoo

gwlanen

swilapana

ffos

xinambyana

hufen

rivomba

diaroglydd

xinhuherisi

drych

xivoni

drych llaw

xivoni xo khomiwa hivoko

rasel

rikarhi

ewyn eillio

xisibi so susa malevu

sent eillio

mafurha ya kutola loku u
heta ku tsemeta malevu

crib

kama

brws

buracha

sychwr gwallt

muchini wo omisa mosisi

chwistrell gwallt

mafurha yo tola mosisi

colur

xo tisasekisa

minlliw

xotota nomo

farnais ewinedd

xo tota minwala

gwlân cotwm

kotoni

siswrn ewinedd

xo tsema minwala

persawr

xinhuherisi

bag ymolchi

nkwama wa le xihambukelweni

stôl

nchuluko

clorian

xikalo

gŵn baddon

nguvu yo hlamba

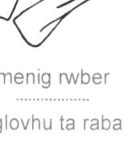

menig rwber

tiglovhu ta raba

tampon

tampon

tywel misglwyf

thawula ra ku basisa

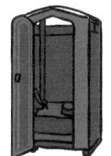

toiled cemegol

xihambukelo xa le handle

ystafell plentyn
kamana ya vana

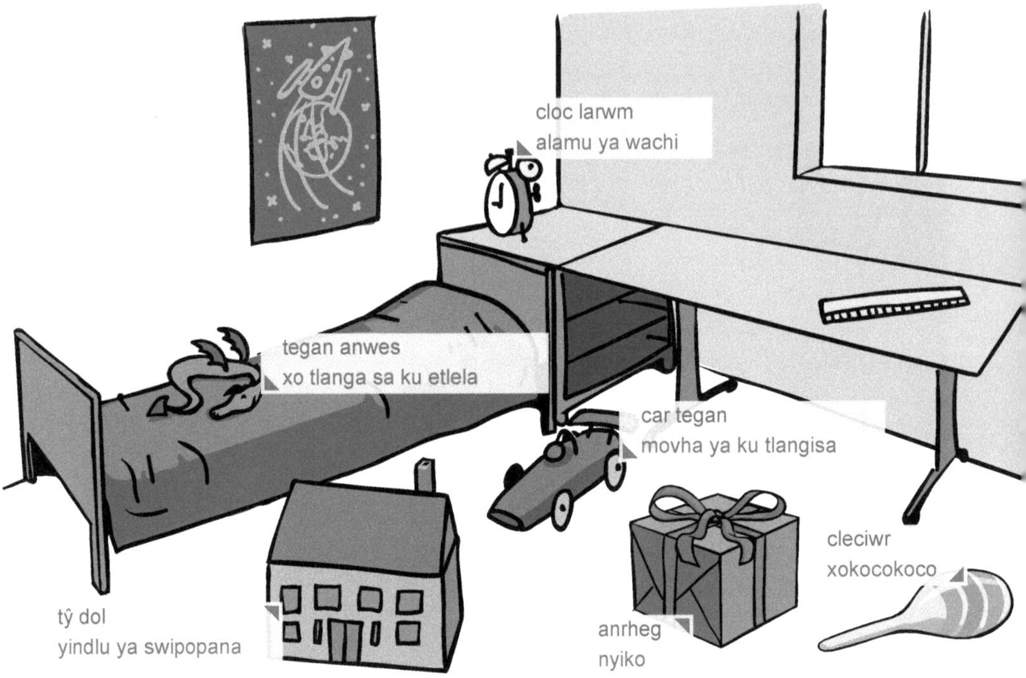
cloc larwm
alamu ya wachi
tegan anwes
xo tlanga sa ku etlela
car tegan
movha ya ku tlangisa
cleciwr
xokocokoco
tŷ dol
yindlu ya swipopana
anrheg
nyiko

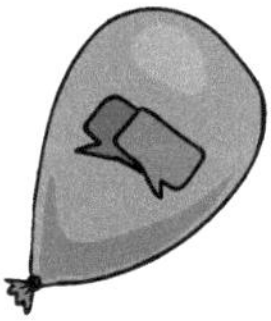

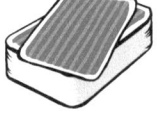

balŵn

baluni

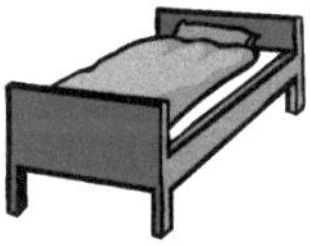

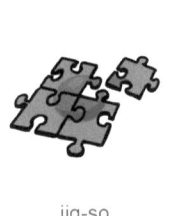

gwely

mubedo

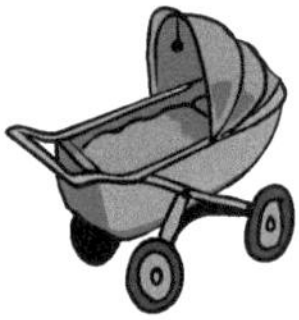

pram

pureme

pecyn o gardiau

makhadi

jig-so

jigsaw

SUPER
MEGA

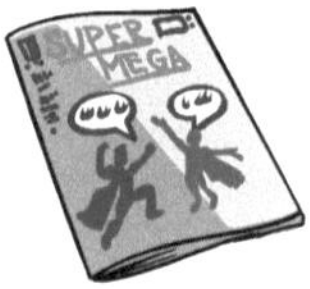

comic

khomiki

brics Lego

switina swa lego

blociau adeiladu

swiaki

ffigur gweithredu

xo tlanga xa vana

babygro

swiambalo swa nwana

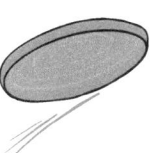

ffrisbi

Frisbee

ffôn symudol

mobile

gêm fwrdd

ntlango wa le bodweni

deis

dayisi

set model trên

xitimela xo tlanga

teth lwgu

xo tlangisa vana

parti

nkhuvo

llyfr lluniau

buku ya swifaniso

pêl

bolo

dol

xipopana

chwarae

tlanga

pwll tywod

khele ra sava

swing

muchinginya

teganau

swilo swo tlangisa

consol gemau fideo

mintlango ya vhidiyo

beic tair olwyn

xithuthuthu xa mivhilwa manharhu

tedi

tibere to tlangisa

cwpwrdd dillad

wadirobo

dillad

swiambalo

hosanau

masokisi

hosanau

masokisi

teits

buruku byo tlimba

sgarff
xikhafu

ymbarél
ambulele

crys-t
xikipa

gwregys
bandhi

esgidiau
tintangu

sliperi
maphashana

esidiau ymarfer
tintangu to tsutsuma

sandalau
maphashana

esgidiau
tintangu

esgidiau rwber
majombo ya raba

trôns
maburuko ya le ndzeni

bra
bodi

fest
xikipa xa le ndzeni

corff
miri

trowsus
maburuko

jîns
bokati

sgert
xiketi

blows
bulawusi

crys
hembe

pwlofer
jesi

hwdi
jazi ro fingeneta nhloko

blaser
buleyizara

siaced
baji

côt
nghuvo

côt law
jazi rampfula

gwisg
swiambalo

gŵn
swiambalo

gwisg briodas
rhoko ya mucato

siwt

sudu

gŵn nos

xiambalo xo etlela

pyjamas

swi ambalo swo etlela

sari

sari

sgarff pen

xikhafu

tyrban

duku

bwrca

burqa

cafftan

swi ambalo

abaya

abaya

gwisg nofio

swiambalo swo hlambela

trowsus nofio

maburuko ya le ndzeni

siorts

buruku ro koma

tracwisg

tracksuit

ffedog

fasikoti

menig

maglilavhu

botwm

kunupu

sbectol

manghilazi ya mahlo

breichled

sindza

cadwyn

vuhlalu

modrwy

xingwaxila

clustdlws

vo sasekisa tindleve

cap

kepisi

cambren

hangara ya nghuvo

het

xigqoko

tei

thayi

sip

zipi

helmed

xihuku

fframiau danedd

minxongotelo

gwisg ysgol

swiambalo swa xikolo

gwisg

yunifomo

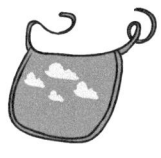

bib

bibi

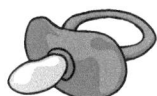

teth lwgu

xo tlangisa vana

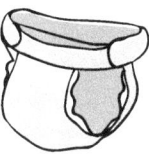

cewyn

leyiri

swyddfa
hofisi

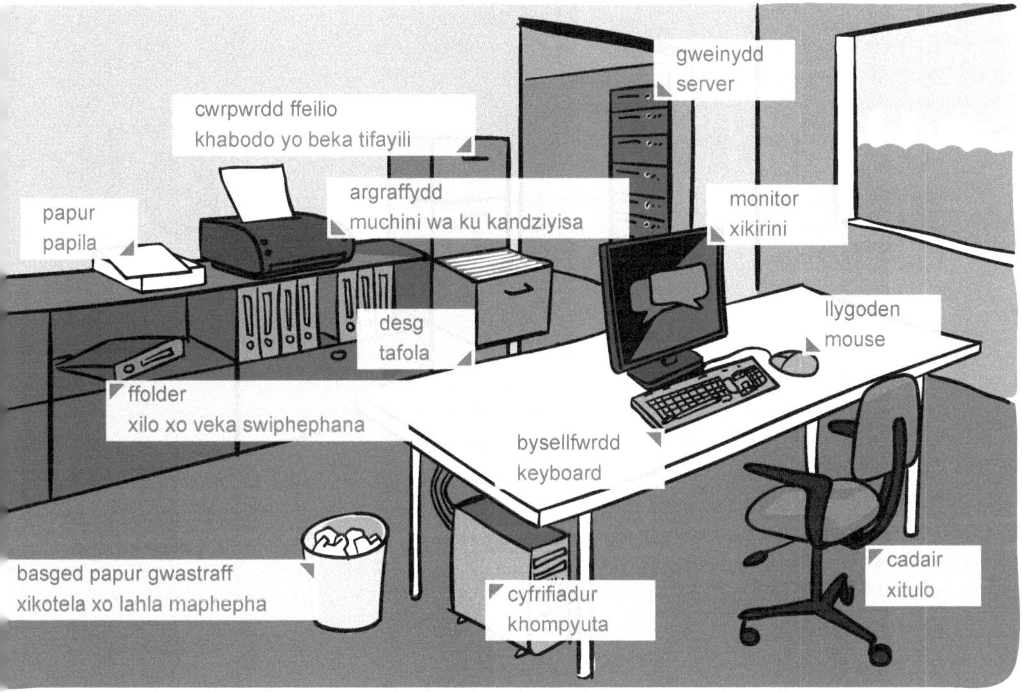
gweinydd
server
cwrpwrdd ffeilio
khabodo yo beka tifayili
argraffydd
muchini wa ku kandziyisa
monitor
xikirini
papur
papila
llygoden
mouse
desg
tafola
ffolder
xilo xo veka swiphephana
bysellfwrdd
keyboard
cadair
xitulo
basged papur gwastraff
xikotela xo lahla maphepha
cyfrifiadur
khompyuta

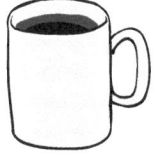

mwg coffi

bikiri ra kofi

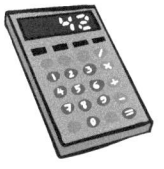

cyfrifiannell

muchini wo hlaya

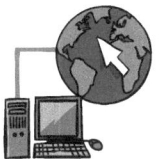

rhyngrwyd

internet

gliniadur
laptop

llythyr
papila

neges
rungula

ffôn symudol
foni

rhwydwaith
network

llungopïwr
muchini wo endla tikopi

meddalwedd
progreme ya khompyuta

teleffon
riqingho

soced plwg
pulagi ya gezi

peiriant ffacs
muchini wo rhumela rungula

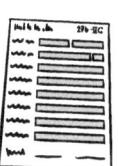

ffurflen
fomo

dogfen
papila

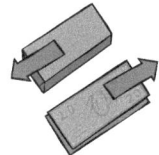

prynu

xava

talu

hakela

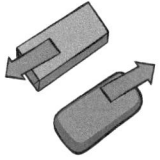

masnachu

xavisa

arian

mali

doler

dolara

ewro

euro

yen

yen

rwbl

rouble

ffranc y Swistir

Swiss franc

yuan renminbi

renminb yuan

rwpi

rupee

peiriant arian

muchini wa mali

swyddfa gyfnewid

ndhawu yo cinca mali

aur

nsuku

arian

silivhere

olew

mafurha

ynni

matimba

pris

hakelo

contract

ntwanano

treth

xibalo

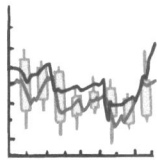

stoc

nundzu ya timali

gweithio

tirha

cyflogai

mutirhi

cyflogwr

mothorhi

ffatri

fektri

siop

xitolo

swyddog heddlu
phorisa

diffoddwr tân
mutimi wa ndzilo

cogydd
musweki

meddyg
dokodela

peilot
muhahisi

garddwr
muhlayi wa ntanga

saer
muvatli

gwniadwraig
murungi

barnwr
muavanyisi

fferyllydd
xitshunguri

actor
mutlangi

gyrrwr bws

muchaeri wa tibazi

gyrrwr tacsi

muchayeri wa thekisi

pysgotwr

muphasi wa tinhlampfi

glanhawraig

wansati wa ku basisa

töwr

mufuleri

gweinydd

muphameri

heliwr

muhloti

paentiwr

mupendi

pobydd

mubaki

trydanwr

mutivi wagezi

adeiladwr

muaki

peiriannydd

munjiniyara

cigydd

muxavisi wa nyama

plymiwr

muplambara

dyn y post

muheleketi wa poso

milwr

socha

pensaer

mumpfampfarhuti

ariannwr

muamukeli wa timali

gwerthwr blodau

muxavisi wa swiluva

triniwr gwallt

mululamisi wa misisi

archwiliwr tocynnau
rheilffordd

mufambisi

mecanydd

ıunhu wo lungisa timovha

capten

mulawuri

deintydd

dokotela wa matinho

gwyddonydd

mutivi wa sayensi

rabi

mufundisi

imam

murhangeri

mynach

nghwendza

clerigwr

mfundisi

offer

switirhisiwa

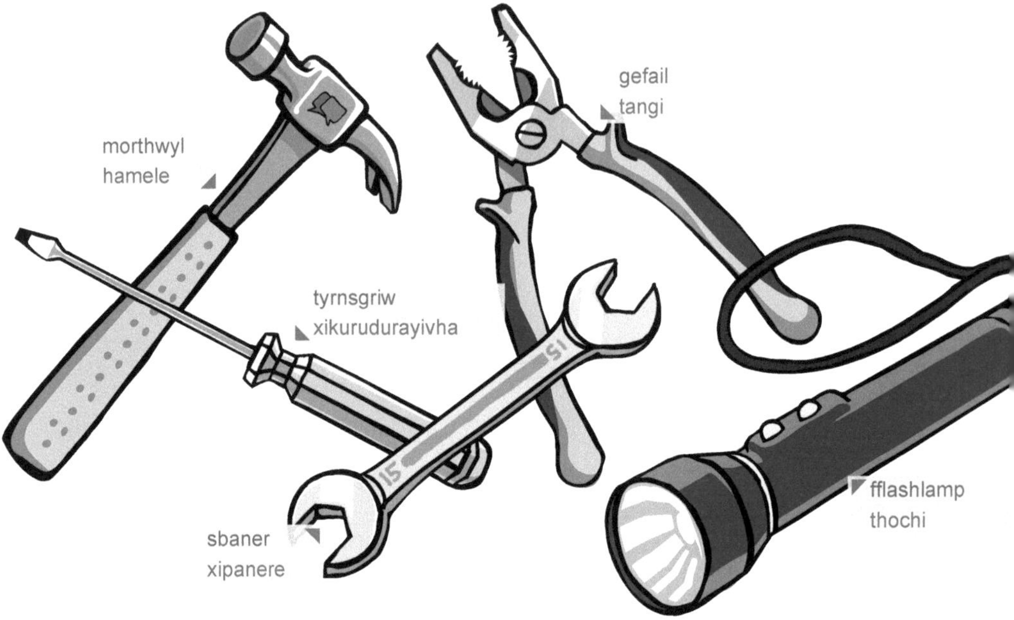

gefail
tangi
morthwyl
hamele
tyrnsgriw
xikurudurayivha
sbaner
xipanere
fflashlamp
thochi

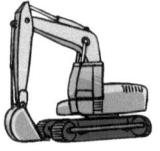

turiwr

muchini wo cela

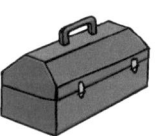

blwch offer

bokisi ra switirhisiwa

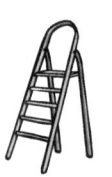

ysgol

xitepisi

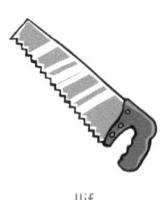

llif

saha

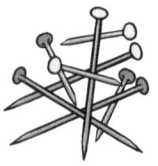

hoelion

swipikiri

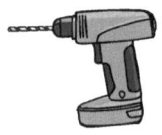

dril

muchini wo boxa

trwsio

lunghisa

rhaw

foxolo

Daria!

Thyaka!

rhaw lwch

nchumu wo susa ritshuri

pot paent

mbita ya pende

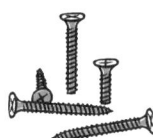

sgriwiau

bawuti

offerynnau cerdd

swichayachayana

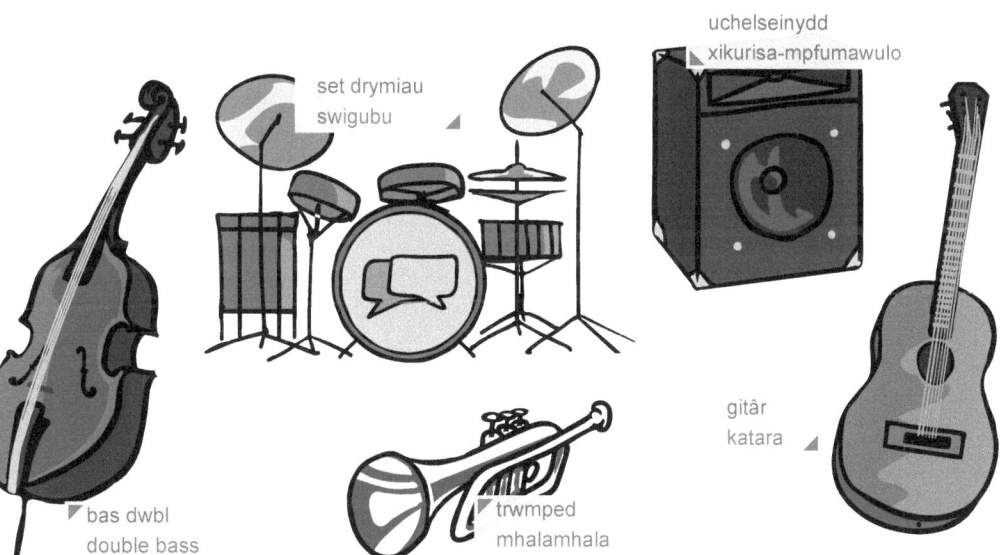

uchelseinydd
xikurisa-mpfumawulo

set drymiau
swigubu

gitâr
katara

bas dwbl
double bass

trwmped
mhalamhala

piano

piyano

ffidil

violin

bas

bass

timpani

timpani

drymiau

xigubu

cyweirfwrdd

keyboard

sacsoffon

saxophone

ffliwt

xitiringo

meicroffon

xikurisa-marito

ntanga wa swiharhi

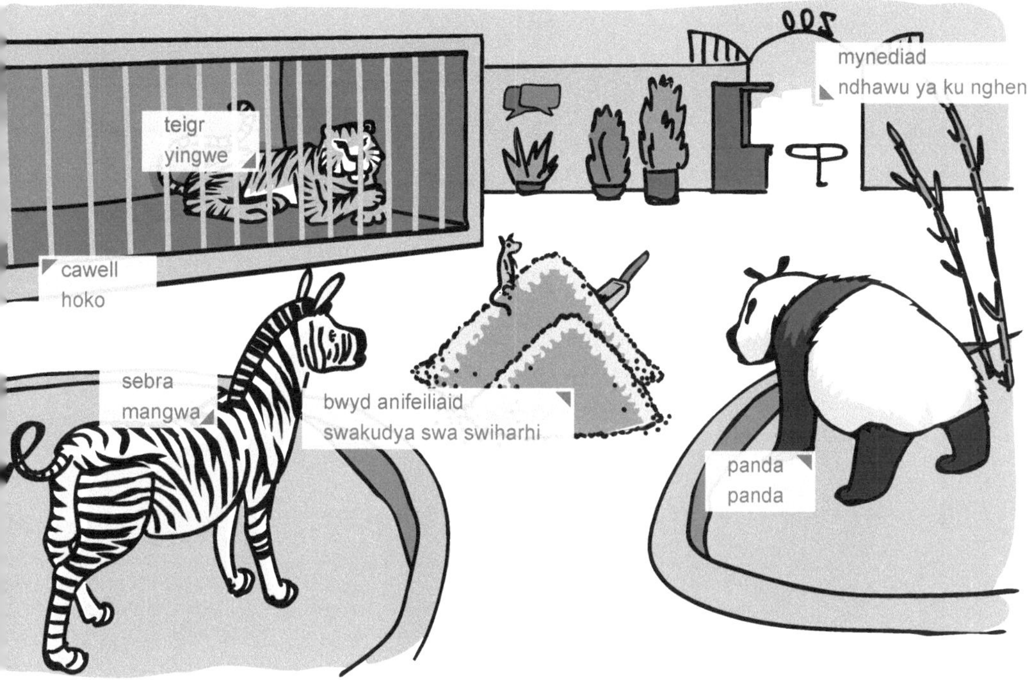
mynediad
ndhawu ya ku nghena
teigr
yingwe
cawell
hoko
sebra
mangwa
bwyd anifeiliaid
swakudya swa swiharhi
panda
panda

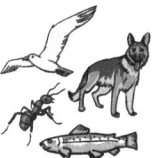

anifeiliaid

swiharhi

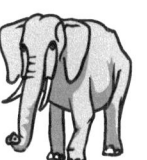

eliffant

ndlopfu

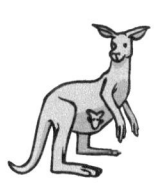

cangarŵ

xinjhenghwe

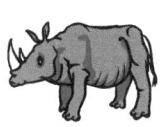

rhinoseros

mhelembe

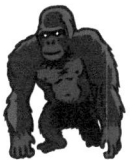

gorila

gorila

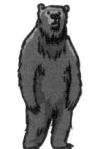

arth

bere

camel

kamela

estrys

yintsha

llew

nghala

mwnci

nkawu

fflamingo

flamingo

parot

hokwe

arth wen

bere

pengwin

penguin

siarc

shaka

paun

hanti

neidr

nyoka

crocodeil

ngwenya

gofalwr sŵ

muhlayisi wa mintanga ya swiharhi

morlo

seal

jagwar

jaguar

merlyn

hanci

llewpard

yingwe

hipo

mpfuvu

jiráff

nhutlwa

eryr

gama

baedd

ngluve ya nhova

pysgodyn

hlampfi

crwban

mfutsu

walrws

nyimpfu ya le lwandle

llwynog

mhungubye

gafrewig

mhala

pêl-droed America
bolo ya le Amerika

beicio
kufamba hi xi kanyakanya

tennis
tennis

pêl-fasged
basketball

nofio
kuhlambela

bocsio
ntlango wa ku bana

hoci iâ
khororo ya le ayisini

pêl-droed
bolo

badminton
badminton

athletau
mintlango

pêl-law
bolo ya mavoko

sgïo
kureta e gambokweni

polo
polo

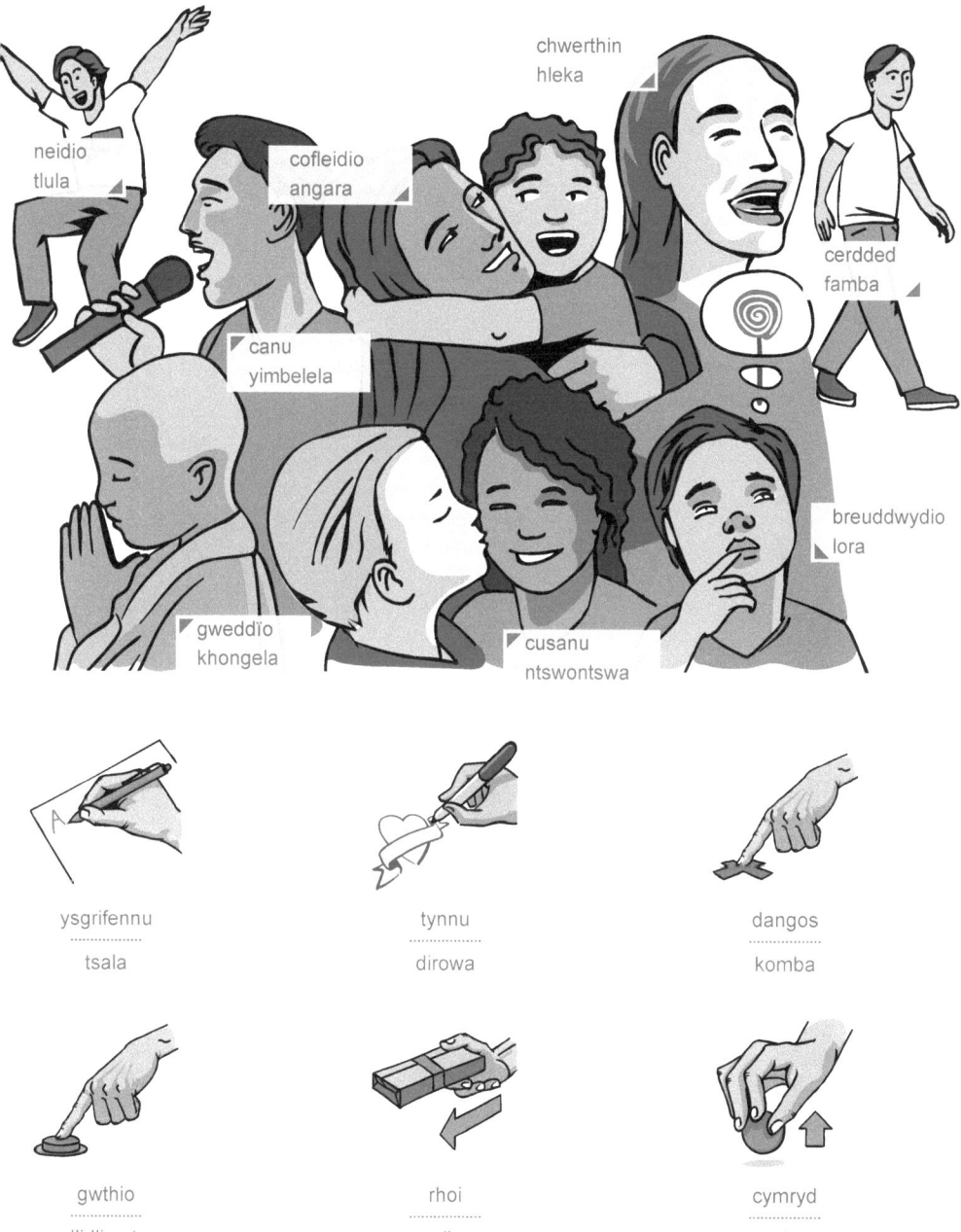

neidio
tlula

cofleidio
angara

chwerthin
hleka

cerdded
famba

canu
yimbelela

breuddwydio
lora

gweddïo
khongela

cusanu
ntswontswa

ysgrifennu
tsala

tynnu
dirowa

dangos
komba

gwthio
dlidlimeta

rhoi
nyika

cymryd
teka

bod gan

yi va

gwneud

endla

bod

ku va

sefyll

yima

rhedeg

tsutsuma

tynnu

koka

taflu

lahlela

disgyn

wana

gorwedd

hemba

aros

rindza

cario

rhwala

eistedd

tshama

gwisgo amdanoch

ambala

cysgu

tlela

deffro

pfuka

edrych ar

languta

crïo

rila

anwesu

bana

cribo

kama

siarad

vulavula

deall

twisisa

gofyn

vutisa

gwrando

yingisa

yfed

nwana

bwyta

dyana

tacluso

basisa

caru

randza

coginio

sweka

gyrru

chayela

hedfan

haha

hwylio

tluta

cyfrifo

hlaya

darllen

hlaya

dysgu

hlaya

gweithio

tirha

priodi

teka

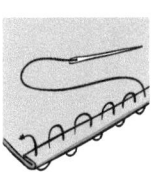

gwnïo

rhunga

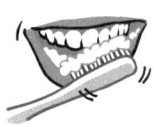

brwsio dannedd

kuhlamba meno

lladd

dlaya

ysmygu

dzaha

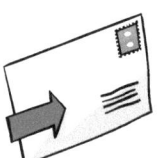

anfon

rhumela

teulu
ndyanghu

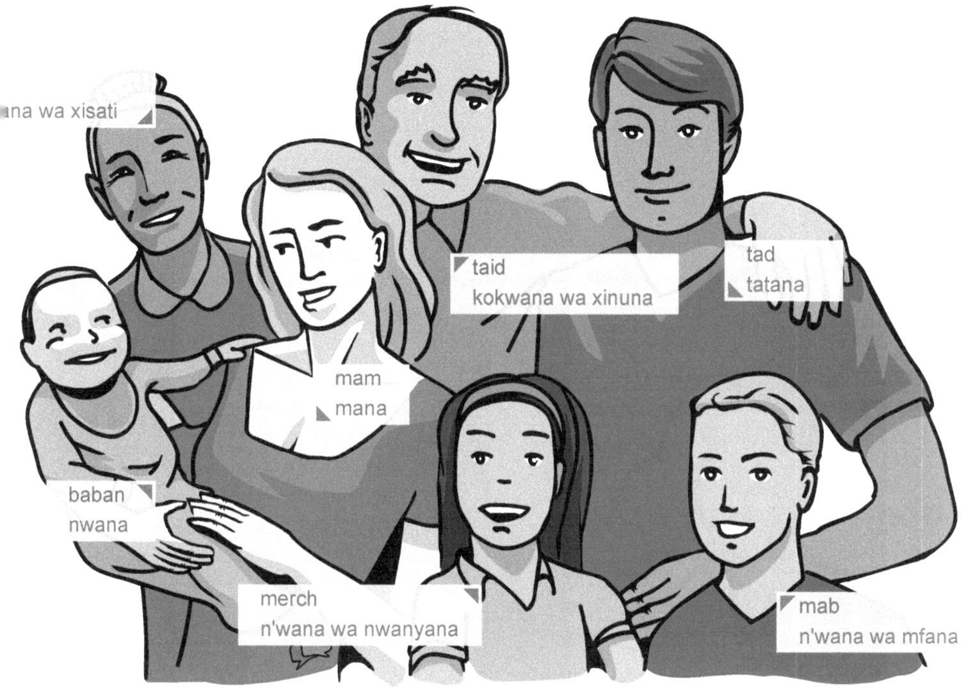

na wa xisati
taid
kokwana wa xinuna
tad
tatana
mam
mana
baban
nwana
merch
n'wana wa nwanyana
mab
n'wana wa mfana

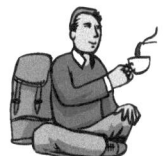

gwestai

muendzi

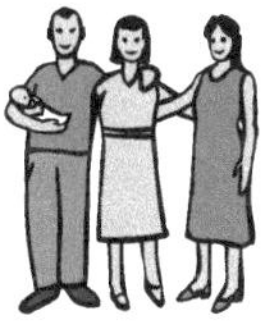

modryb

hahani

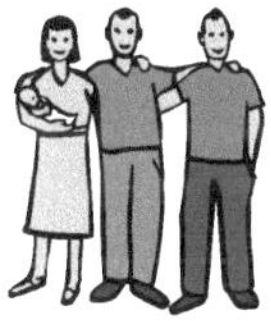

ewythr

malume

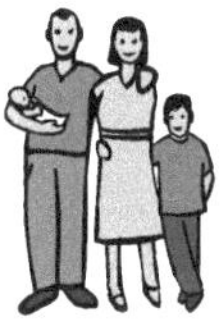

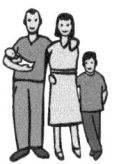

brawd

makwerhu

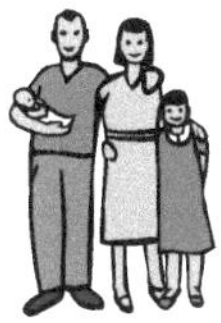

chwaer

makwrhu

corff

miri

talcen
mombo
llygad
tihlo
ysgwydd
katla
bys
ritiho
wyneb
xikandza
gên
xilebvu
llaw
voko
coes
nenge
bron
bele
braich
voko

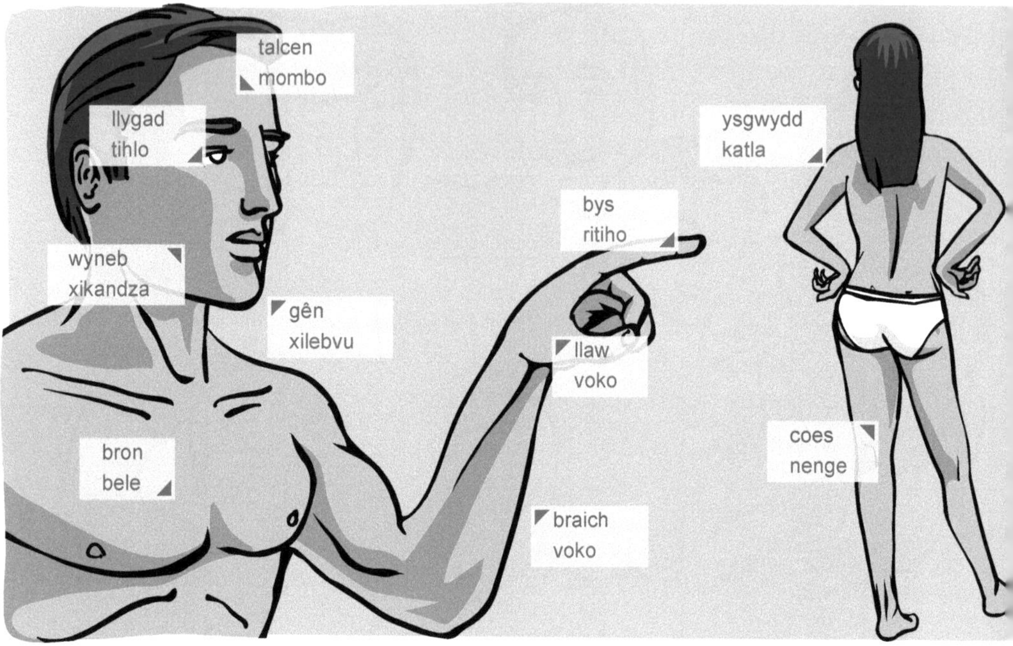

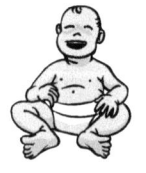

baban
nwana

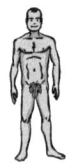

dyn
n'wanuna

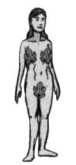

gwraig
nw'ansati

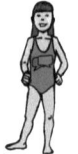

geneth
nhwanyana

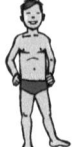

bachgen
mfana

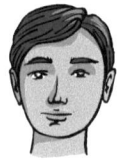

pen
nhloko

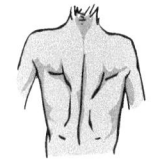

cefn
....
nhlana

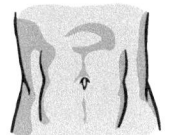

bel
....
khwiri

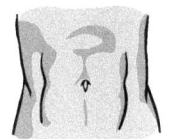

bogail
....
nkava

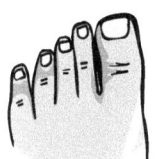

bys troed
....
xikunwani

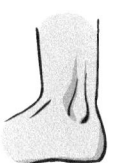

sawdl
....
xirhenze

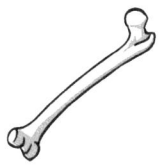

asgwrn
....
rhambu

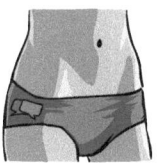

clun
....
nyonga

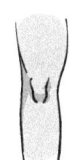

pen-glin
....
tsolo

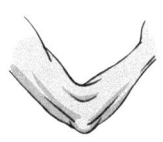

penelin
....
xikokola

trwyn
....
nompfu

pen ôl
....
xisuti

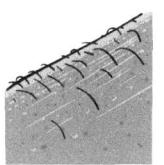

croen
....
nhlonge

boch
....
rhama

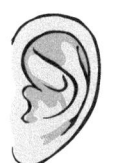

clust
....
ndlebe

gwefus
....
nomu

ceg

nomu

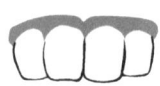

dant

tinyo

tafod

ririmi

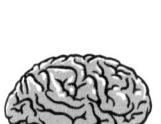

ymennydd

byongo

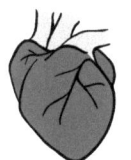

calon

mbilu

cyhyr

nsiha

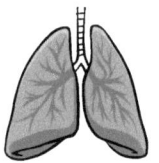

ysgyfaint

hahu

iau

vixindzi

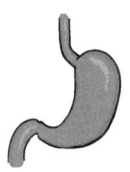

stumog

khwiri

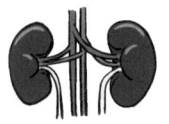

arennau

tinso

rhyw

masangu

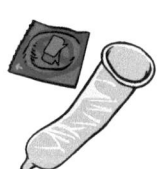

condom

khondomu

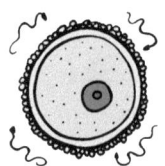

ofwm

tandza

semen

mbewu ya vununa

beichiogrwydd

nyimba

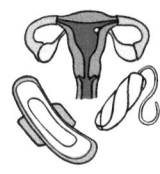

mislif

kuya enkarhini

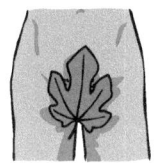

fagina

muhocho

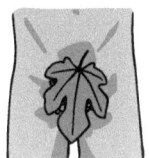

pidyn

xiluma

ael

tinxiyi

gwallt

misisi

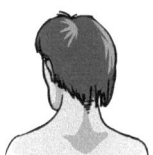

gwddf

nhamu

ysbyty
xibedlhele

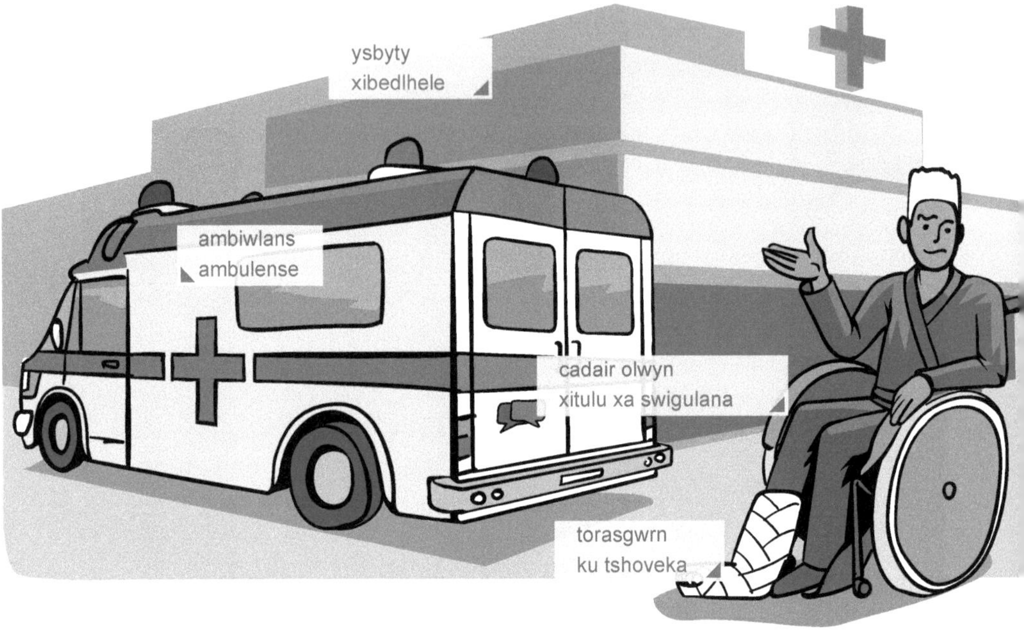

ysbyty
xibedlhele
ambiwlans
ambulense
cadair olwyn
xitulu xa swigulana
torasgwrn
ku tshoveka

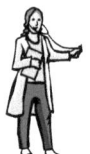

meddyg
dokodela

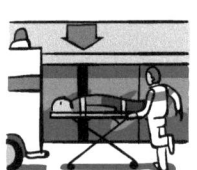

ystafell argyfwng
kamara ra xilamulela-mhango

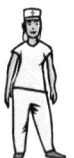

nyrs
muongori

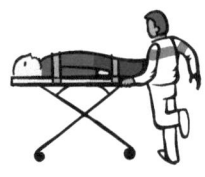

argyfwng
xihatla

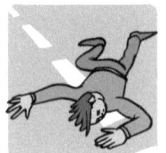

anymwybodol
ku titivala

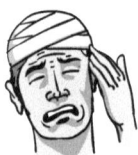

poen
kuvava

anaf

ku vaviseka

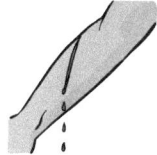

gwaedu

mpfempfa ngati

trawiad ar y galon

ku hlaseriwa himbilu

strôc

ku oma swirho

alergedd

rinyenyo

peswch

khohlola

twymyn

xifumbu

ffliw

mukhuhlwana

dolur rhydd

nchuluko

cur pen

ku pandza ka nhloko

canser

khensa

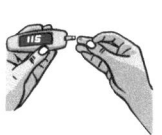

diabctes

chukela

llawfeddyg

dokodela

fflaim

mukwana

gweithrediad

vuhandzuri

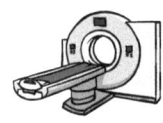

CT

CT

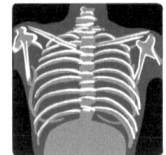

pelydr-x

x-rheyi

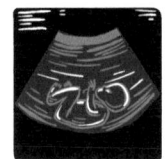

uwchsain

muchini wo yingisela
ntshuka-ntshuko

mwgwd wyneb

xo tipfala tinhomfu

clefyd

vuvabyi

ystafell aros

kamara ro rindza

bagl

nhonga

plastr

semendhe

rhwymyn

bandhichi

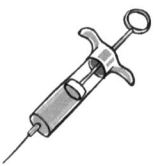

pigiad

neleta

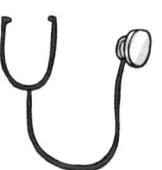

stethosgop

muchini wa madokodela wa
ku yingisa

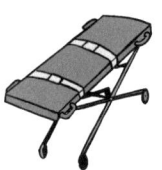

elorwely

rihlaka

thermomedr clinigol

xipima-mahiselo

genedigaeth

ku veleka

dros bwysau

ku nyuhela

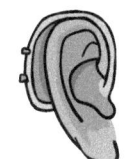

cymorth clyw

swipfuneta-ku-twa

diheintydd

khemikhale yo dlaya
switsongwatsongwana

haint

switsongwatsongwana

firws

xitsongwatsongwana

HIV / AIDS

HIV / AIDS

meddygaeth

miri

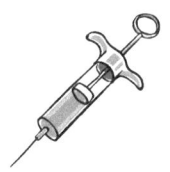

brechiad

nayiti

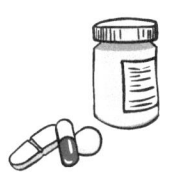

tabledi

maphilisi

y bilsen

pilisi

galwad frys

riqingho ra xihatla

monitor pwysau gwaed

muchini wo kamba
nsusumeto wa ngati

yn sâl / yn iach

vabya / hanya

Help!

Pfunani!

larwm

bele

ymosodiad

ku hlaseriwa

ymosodiad

hlasela

perygl

khombo

allanfa argyfwng

nyangwa wo huma loko ku
ri ni mhango

Tân!

Ndzilo!

diffoddwr tân

xo tima ndzilo

damwain

mhangu

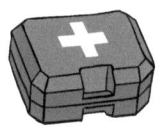

pecyn cymorth cyntaf

bokisi ra xilamulela-mhango

SOS

SOS

heddlu

phorisa

Ewrop

Yuropa

Gogledd America

Amerika N'walungu

De America

Amerika Dzonga

Affrica

Afrika

Asia

Asia

Awstralia

Australia

Iwerydd

Atlantic

y Môr Tawel

Pacific

Cefnfor yr India

Lwandle-nkulu ra Indiya

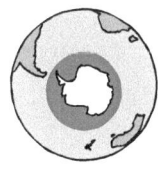

Cefnfor yr Antarctig

_wandle-nkulu ra Antarctic

Cefnfor yr Arctig

Lwandle-nkulu ra Arctic

Pegwn y Gogledd

North Pole

Pegwn y De

South Pole

Antarctica

Antarctica

y Ddaear

Misava

tir

tiko

môr

lwandle

ynys

xihlala

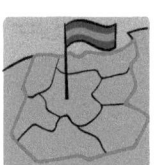

cenedl

rixaka

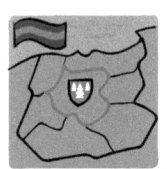

gwladwriaeth

tiko

wyneb cloc

xikomba nkarhi

bys awr

xikomba-tiawara

bys munud

xikomba-timineti

bys eiliad

xikomba-tisekoni

Faint o'r gloch yw hi?

I nkarhi muni?

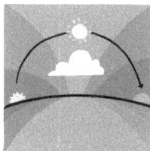

dydd

siku

amser

nkarhi

yn awr

sweswi

cloc digidol

wachi leyi tshavatelaka

munud

minete

awr

awara

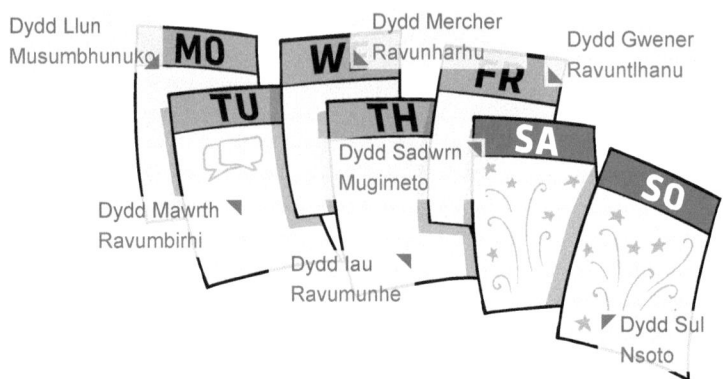

Dydd Llun
Musumbhunuko

Dydd Mercher
Ravunharhu

Dydd Gwener
Ravuntlhanu

Dydd Sadwrn
Mugimeto

Dydd Mawrth
Ravumbirhi

Dydd Iau
Ravumunhe

Dydd Sul
Nsoto

ddoe
tolo

heddiw
namuntlha

yfory
mundzuku

bore
mixo

canol dydd
nhlekani

noswaith
madyambu

MO	TU	WE	TH	FR	SA	SU
1	2	3	4	5	6	7
8	9	10	11	12	13	14
15	16	17	18	19	20	21
22	23	24	25	26	27	28
29	30	31	1	2	3	4

diwrnodiau busnes
masiku ya ntirho

MO	TU	WE	TH	FR	SA	SU
1	2	3	4	5	6	7
8	9	10	11	12	13	14
15	16	17	18	19	20	21
22	23	24	25	26	27	28
29	30	31	1	2	3	4

penwythnos
mahelo vhiki

glaw
mfpula

enfys
nkwangulatilo

eira
gamboko

gwynt
moya

gwanwyn
xumun'wana

hydref
xixikana

haf
ximumu

gaeaf
xixika

4.APRIL	11°	☀
5.APRIL	4°	☔
6.APRIL	13°	☔
7.APRIL	8°	❄
8.APRIL	10°	☀

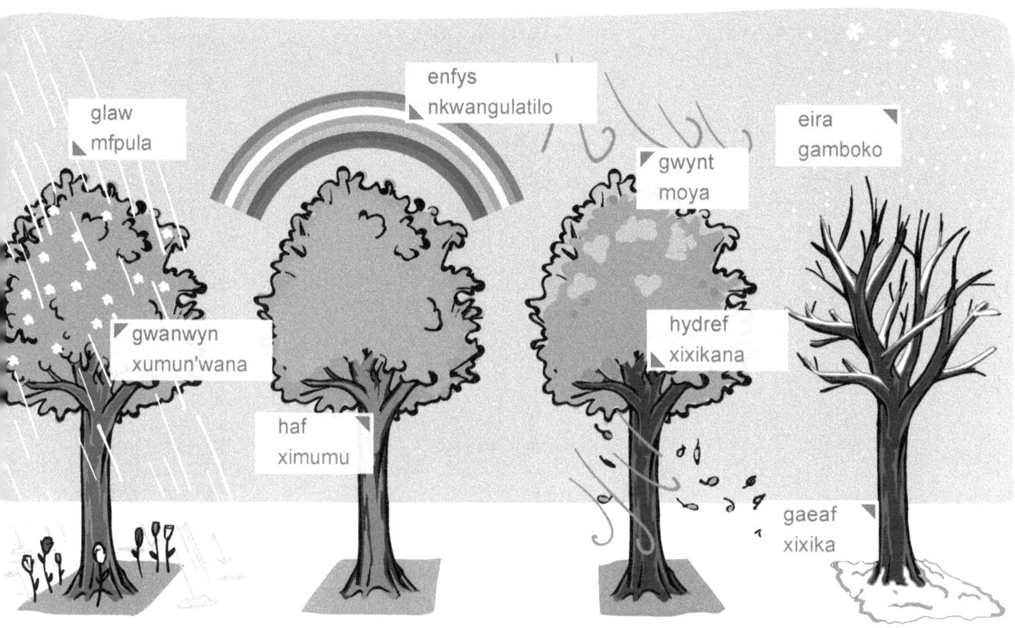

rhagolygon y tywydd

vumbha tamaxelo

thermomedr

xipima-mahiselo

heulwen

dyambu

cwmwl

papa

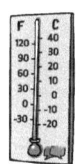

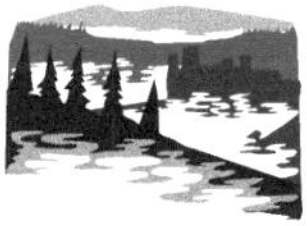

niwl tew

hunguva

lleithder

kutsakama

mellt
....
rihati

taranau
....
dzindza-tilo

storm
....
xidzedze

cenllysg
....
xihangu

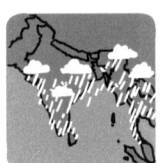

monsŵn
....
mpfula

llif
....
ndhambi

iâ
....
ayisi

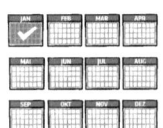

Ionawr
....
Sunguti

Chwefror
....
Nyenyenyana

Mawrth
....
Nyenyankulu

Ebrill
....
Dzivamusoko

Mai
....
Mudyaxihi

Mehefin
....
Khotavuxika

Gorffennaf
....
Mawuwani

Awst
....
Mhawuri

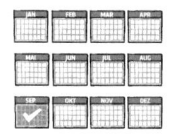

Medi
....
Ndzhati

Hydref
....
Nhlangula

Tachwedd
....
Hukuri

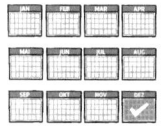

Rhagfyr
....
N'wendzamhala

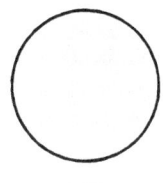

cylch
....
xirendzevutana

sgwâr
....
xikwere

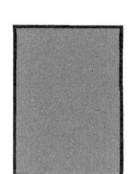

petryal
....
matlhelo ya mune

triongl
....
xivunguvungu xa tintlha
tinharhu

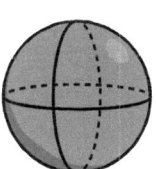

sffêr
....
bolo

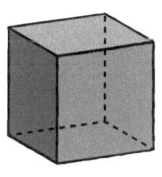

ciwb
....
cube

gwyn

basa

melyn

xitshopana

oren

lamula

pinc

tshwukanyana

coch

tshwuka

porffor

xigunguvungu

glas

wasi

gwyrdd

rihlaza

brown

buraweni

llwyd

mpunga

du

ntima

llawer / ychydig

swo tala / swi tsongo

dig / tawel

hlundzukile / rhurile

hardd / hyll

sasekile / bihile

dechrau / diwedd

masungulo / makumo

mawr / bach

kulu / tsongo

llachar / tywyll

vangama / munyama

brawd / chwaer

buti / sesi

glân / budr

basile / chakile

gyflawn / anghyflawn

helerile / helelangiki

dydd / nos

siku / vusiku

farw / yn fyw

file / hanyaka

eang / cul

pfulekile / pfalekile

bwytadwy / anfwytadwy

swa dyiwa / a swi dyiwi

drwg / caredig

homboloka / lunghile

llawn cyffro / diflasu

tsakile / phirekile

tew / tenau

nyuhela / lala

cyntaf / olaf

masungulo / makumo

cyfaill / gelyn

mungana / nala

llawn / gwag

tele / hava

caled / meddal

tiyile / olova

trwm / ysgafn

tika / vevuka

wedi newynnu / yn sychedig

ndlala / torha

yn sâl / yn iach

vabya / hanya

anghyfreithlon / cyfreithiol

swi ngariki enawini / enawini

deallus / twp

tlharihile / xiphukuphuku

chwith / dde

ximati / xinene

agos / pell

akusuhi / kule

ewydd / wedi'i ddefnyddio

yintshwa / tirhisiwile

dim / rhywbeth

hava / xin'wana

hen / ifanc

dyuharile / muntshwa

ymlaen / i ffwrdd

xarirha / xitimile

ar agor / ar gau

pfurile / pfariwile

tawel / uchel

myerile / huwa

cyfoethog / tlawd

fuwile / xisiwana

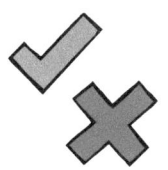

cywir / anghywir

swinene / bihile

garw / llyfn

khwasha / reta

trist / hapus

vaviseka / tsaka

byr / hir

koma / leha

araf / cyflym

hlwela / hatlisa

gwlyb / sych

tsakama / oma

cynnes / claear

kufumela / titimela

rhyfel / heddwch

nyimpi / kurhula

0

sero

noto

1

un

n'we

2

dau

mbirhi

3

tri

nharhu

4

pedwar

mune

5

pump

ntlhanu

6

chwech

ntsevu

7

saith

nkombo

8

wyth

nhungu

9

naw

nkaye

10

deg

khume

11

un deg un

khume n'we

12

un deg dau

khume mbirhi

13

un deg tri

khume nharhu

14

un deg pedwar

khume mune

15

un deg pump

khume ntlhanu

16

un deg chwech

khume ntsevu

17

un deg saith

khumbe nkombo

18

un deg wyth

khume nhungu

19

un deg naw

khume nkaye

20

dau ddeg

makhume mambirhi

100

cant

dzana

1.000

mil

gidi

1.000.000

rniliwn

gidi ya magidi

Saesneg

Xinghezi

Saesneg America

Xinghezi xa Amerika

Tsieinëeg Mandarin

Xichayina xa Mandarin

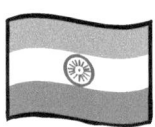

Hindi

Xihindi

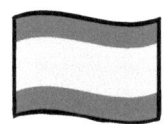

Sbaeneg

Xipaniya

Ffrangeg

Xifurwa

Arabeg

Xiarabu

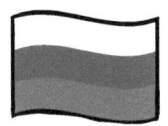

Rwseg

Xirhaxiya

Portiwgaleg

Xiputukezi

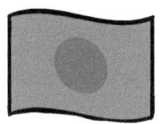

Bengali

Xibengali

Almaeneg

Xijarimani

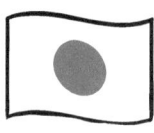

Siapanaeg

Xijapani

fi

mina

ti

wena

ef / hi

yena / yena / xona

ni

hina

chi

n'wina

nhw

vona

pwy?

mani?

beth?

yini?

sut?

njhani?

ble?

kwihi?

pryd?

rhini?

enw

vito

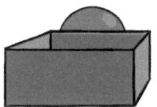

y tu ôl i
....
endzaku

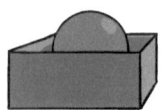

yn / yng / ym / mewn
....
ahehla

o flaen
....
emahlweni a

dros
....
ahenhla ka

ar
....
eka

dan
....
ehansi

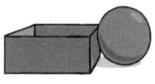

wrth ochr
....
handle ka

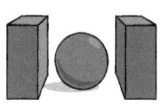

rhwng
....
exikarhi ka

lle
....
ndhawu